# 第三只眼看正商

The third eye on zhengshang

张敬国 主编

中国商业出版社

**图书在版编目（CIP）数据**

第三只眼看正商 / 张敬国主编. -- 北京 ：中国商
业出版社，2018.6
ISBN 978-7-5208-0420-2

Ⅰ．①第… Ⅱ．①张… Ⅲ．①房地产企业－企业发展
－概况－郑州 Ⅳ．①F299.276.11

中国版本图书馆CIP数据核字(2018)第128847号

责任编辑：孙锦萍

中国商业出版社出版发行
（100053 北京广安门内报国寺1号）
010-63180647 www.c-cbook.com
新华书店经销
河南瑞之光印刷股份有限公司印制

889毫米×1194毫米　16开　12.5 印张　320千字
2018年6月第1版　　2018年6月第1次印刷
定价：98.00元
★★★★★
（如有印装质量问题可以更换）

# 感恩时代 致敬未来

　　"为什么我的眼里常含泪水？因为我对这土地爱得深沉……"著名诗人艾青的这句诗一直萦绕在心中，成为我努力进取的原动力。从躬耕乡野到游走于城市，从热血澎湃辞职下海到冷静构建正商系，一步一个脚印，一步一个台阶，也正是由于太多的爱，已融入了这片泥土，太多的梦，已在这片泥土中生根、发芽、开花、结果……

　　那是第一个梦，1979 年，在贫瘠的土地上悄悄开放——高考恢复，我有幸考入郑州大学，成为那个时代的天之骄子。

　　安稳的工作，闲适的生活，是那个时代所有人的慕求，但"生于忧患，死于安乐"的警言，又常拨动着我那颗不安于现状的心，当改革的春风吹遍中华大地时，我毅然决然地选择创业。

　　于是，1995 年，正商诞生了，虽然它当时只是一粒刚发芽的种子，但所有的种子，只要沾满梦想与坚持，都会在未来开出娇艳的花。

　　蓦然回首，时光已飞逝 24 年。正商本着"立足郑州，布局全国"的战略思想，秉承着"走正道，行正商，为正人，做正事，结正果"企业品质，已从一个名不见经传的小公司发展成今天庞大的正商体系，业务涉及房地产开发、工程建设、物业服务、酒店管理、医院管理、投资和信托基金管理等，一个多元化发展的大型跨国企业集团已经形成。截至 2017 年年底，正商集团已在全国 9 个城市开发项目近 80 个，累计开发建筑面积 2500 万平方米，为近 20 万户家庭、近 80 万人提供了高品质的生活服务。

　　正商一直恪守"品质生活到永远"的企业理念，坚守"诚实守信、勤奋敬业、结果导向、精益筑家、客户价值"的核心价值观，在产品研发上不断精进，截至目前已形成了"上境系""品质家系""铭筑系"等成熟的住宅和商办产品。也正是因为此，正商备受社会各界关注，"正商"品牌已被国家工商总局认定为中国驰名商标。

　　作为一名地产界的深耕者，我对生养我的这片土地，一直心怀敬畏，努力让我们建设的家园"一草一木皆世界"，成为真正的"诗意的栖息地"；作为改革开放以来较早进入地产行业的先行者，我特别感谢这个时代，感谢这个时代的开创者。正商走到今天，所有的荣誉，都得益于这个伟大的时代，得益于这一方沃土的滋养……

常言道：一个好汉三个帮，一个篱笆三个桩。正商的发展，离不开它的支持者和伴跑者，尤其是传媒界的朋友。他们经常深入工地、售楼部、小区，与广大购房者、业主交流沟通，写下了一篇篇锦绣文章，见证着正商的茁壮成长。也许，陪伴才是最大的关爱，共同构成的记忆，才是生命最绚丽的乐章。

今天，在结集出版《第三只眼看正商》之时，我感慨万千，心中虽有千言万语，也只能道出感谢二字，感谢一起同行的正商人，感谢伴随正商成长的广大业主，感谢关注正商发展的社会各界，愿我们不忘初心，共同勇往直前！

张敬国

2018 年 4 月

# 目录
CONTENTS

## 寄语

## 第一辑 / 城市运营

# 第二辑 / 城市之光

# 第三辑 / 城市生活

# 知来处，方能识归途

● 丁祖昱

"在正商看来，一磅的利润也抵不上一盎司的责任。"正商集团董事长张敬国曾经说过这样一句话，令我印象非常深刻。志存高远而脚踏实地，把责任当成一种情怀——不但心系对城市、对土地、对客户、对员工的责任，更心怀对社会的责任。这就是我眼中的正商，也是我希望大家了解的正商。

成立 24 年来，正商致力于"居者有其屋"，在建造、服务、配套三方面，已是名副其实扛鼎郑州市场的一线地产企业。截至 2017 年，正商地产相继开发了近 80 个项目，服务 20 余万户家庭，连续 5 年销售额和销售量位居郑州第一，蝉联中国房地产百强，2017 年更跻身前 50 强，成为郑州房地产开发行业的一面旗帜、一个标杆、一张名片……深耕郑州多年后，正商于 2010 年制定了"立足郑州，城市聚焦"的发展战略，外拓到了河南的其他城市，也在山东青岛、海南文昌落子。而在多元化发展方面，今天的正商，已经成为集开发、工程建设、物业服务、酒店管理、医院管理、投资和信托基金管理于一体的跨国企业集团，旗下多家公司在国内新三板、香港主板和纽约上市。

古人说，逐鹿中原方可鼎立天下。仔细想来，正商与脚下这片热爱并精心耕耘着的中原土地早已血脉相融。河南是中原文明的发源地，千里沃野在几千年文明史中孕育了璀璨的经济、文化和科技成就，沉缓悠长的文化节奏赋予了他们沉稳踏实的气质，而千年的变迁与沉浮又塑造了他们宠辱不惊、踏实奋进的格局与个性，正如他们将"可以"说成"中"一样，掷地有声且别有憨实厚重之美。而"中原第一城"郑州，浸润着由夏商周三代奠基而起的中原文明，华夏源初至今的山水关隘、津渡城垣，辗转千年又重新走到一个充满机遇的时代。正商诞生于此也扎根于此，完整地继承了这种深厚的责任感和情怀。

知来处，方能识归途。正商崛起于中原，发力于中国的发展轨迹，值得更多人关注和学习。更可贵的是，正商并不急功近利，在未来的蓝图中还将继续深耕郑州这片热土。一个企业与一座城市如何共生、共荣、共赢？从某种程度上说，正商履行了中国城市建设的一种体验和实践，其踏实但从不踟蹰、奋进但不激进的企业文化，也与新时代"砥砺奋进"的中国精神不谋而合。

我与正商、与张敬国先生这些年多有合作，对正商的文化和理念深有体会。随着正商新征程、新时期、新格局的铺展，我真诚希望，这种踏实奋进、锲而不舍、不忘初心、持之以恒的精神能以《第三只眼看正商》这本书为载体，与正商一起走出中原，走向全国。


[作者系易居企业集团副董事长、CEO]

# 城市样本

● 徐 颖

正商第一次进入明源地产研究院的视野，是在和同仁聊到地产企业的区域深耕的战略布局时，某位朋友提到正商这家企业非常值得关注，最近几年的发展势头很不错。

机缘巧合，互联网浪潮席卷地产行业最猛烈的 2015 年，应正商董事长和恒辉董事长的邀请，明源地产研究院走进正商，进行了为期一天的"互联网＋地产"的分享交流。

当时让我们最感兴趣的是，为什么正商能够在最近几年快速发展，异军突起之后，能够常年称雄河南？或许这次互联网转型的主题交流就是答案之一，正商对外部环境的变化非常敏锐，而且他们的锐意进取精神，一定是正商能够不断思考、不断学习、不断进取的关键所在。

通过明源地产研究院深入了解发现，在诸多研究样本中，在某种高度上，正商模式已成为中国城市建设的一种样本和实践，可以为这个新时代新周期的房企提供诸多借鉴和参考。随着郑州国家中心城市建设定位启动，"正商现象"作为城市建设样板及城市发展的核心驱动力之一，已经被社会公众认同。

正商深耕郑州 20 余年，在建造、服务、配套三方面，确立了正商印记的高品质建设体系，夯实了扛鼎一线地产企业的基石，确立了品牌化、国际化、资产化三化一体的企业发展格局。正商与郑州血脉相通、水乳交融、密不可分，成为郑州房地产开发行业的一面旗帜、一个标杆、一张名片。

对比同行，我们可以发现，在正商铂钻、书香华府、金域世家、智慧城等成熟的产品的体里，通过专门聘请日本技术人员，打造专业设计团队，精雕细琢，从设计源头进行产品升级，采购上也制订了很高的标准。也正是如此，才让正商快速进入全国房地产"第一方阵"品牌序列。

正商快速发展的背后，是不忘"高品质服务"的初心。正商抓住行业转型升级这一契机，以高品质配套、高品质服务和高品质建造迅速赢得客户信赖，其建立和贯彻的施工标准化已经走在了行业的前列，每一道工序都严格按照标准化模板的操作流程进行施工，这一切无不体现着正商的高品质建造要求。

正商在社区服务上同样独具匠心。针对社区内的儿童、老人等不同客户特点，划分特色活动区域，建造亲子活动区和社区文化活动中心，丰富业主的业余生活。正商的品质建设行动同样惠及已建多年的小区。对于这些小区，花费百万进行绿化补栽、硬件升级等，让正商的老业主依旧能享受到正商高品质建设，感受到正商的关怀。这些细致贴切的服务，无疑契合了当前住房需求升级的潮流，为正商的高速发展奠定了良好口碑。

正商已经成为郑州房地产市场上最强劲的一股力量，这和正商人"结硬寨、打呆仗"的狠劲和拼劲，以及令行禁止、言出法随、雷厉风行的强大执行力是分不开的。说到底，正商企业文化的核心就是"执行文化"。

"深耕""产品""服务""执行""学习"是正商留给我们乃至整个行业的整体印象，深耕郑州20余年来，正商踩下的每一个坚实足印都推动着这座城市的城镇化进程和人居水平的提升，甚至成为最具鲜明标识的城市符号，与郑州相融相生。

大家可以通过这本书里的各个视角的报道和分析，慢慢体会正商快速发展的成功秘密，相信会对大家有所启发。也衷心祝愿正商百尺竿头更进一步，期待正商的未来更精彩！

[ 作者系明源地产研究院执行院长 ]

# 正商地产为城市代言

● 李晓峰

接到正商地产的邀请，让我为其即将出版的《第三只眼看正商》一书写个寄语。基于我本人这么多年来对房地产行业的了解与研究，更基于正商地产这些年在发展速度、规模、质量、效益等方面取得的引人注目的成绩，便欣然应允。

解读一家民营企业的成功之道，首先需要了解其掌门人。对民营企业而言，所谓企业文化，从某种意义上讲，就是其掌门人文化、老板文化。正商地产从 1995 年创立以来，在 20 多年的发展历程中，规模越来越大，项目越来越多，名气越来越高，品牌越来越强，但掌门人张敬国先生始终都是一种低调、沉潜、务实的姿态，各类媒体的公开报道上都鲜有关于他个人的内容。所以，《第三只眼看正商》一书便提供了一种全新的视角，我们可以借此书了解正商、解读正商。

该书通过对正商地产近些年来众多重大事件的梳理，特别是关于其高品质建设决策以及决策实施取得成果的报道和案例分析，还有张敬国先生如何狠抓落实等细节的介绍，相信每一位读者看了都会耳目一新、受益良多，甚至为之惊叹。作为一家连续 6 年销售额稳居郑州市场第一名、河南市场前列的本土房地产开发企业，我相信很多人都想知道她的发展"密码"，而这本书将会给您一个满意的答案。

作为多年来一直从事房地产行业教学、研究的一名知识分子，在研究和剖析一家企业的时候，我特别关注其战略决策问题，因为这关乎企业的可持续发展。从 1998 年我国正式开启以"取消福利分房，实现居民住宅货币化、私有化"为核心的住房制度改革以来，在中原大地上，涌现出了一大批房地产企业。20 年风云变幻与跌宕起伏，始终稳健发展、做大做强，并屹立潮头者屈指可数，而正商就是为数不多的"弄潮儿"。

近年来，正商的大事、喜事不断，尤以旗下的正恒国际控股、全球医疗房地产投资信托公司（GMRE）、兴业物联，相继在中国香港、美国纽约和中国新三板上市，这不仅意味着正商拥有了更多的融资渠道，也意味着正商现代企业制度的规范化建设和国际化进程得到了国际资本市场认可。GMRE 在美国纽交所成功上市后，正商集团旗下公司成为美国纽交所成立 200 多年来 3000 多家上市公司当中的一员，在对接国际资本、探索并尝试资产证券化方面勇辟蹊径，这不仅在正商的编年史中具有里程碑式的特殊意义，对于中原地产乃至全国地产行业也有引领价值。

河南特别是省会郑州，这些年来房地产市场持续稳定健康快速发展，新型城镇化建设成效显著，人居水平大幅提高，这是包括正商在内的一大批省内、国内优秀企业共同努力的结果。张敬国先生作为一位极具情怀和责任心的杰出企业家，曾经表示不论正商走多远飞多高，都会坚持"树高千尺也不忘根"，正商扎根郑州、深耕郑州的发展战略都不会改变。我相信走正道的正商在张敬国先生坚定正确的领导下，将会为河南新型城镇化建设作出更大的贡献。而这样一家优秀企业，是值得所有关心、研究河南房地产市场的人深入探究的。或者说，通过对正商这家企业个案的研究，大家能够更好地洞察河南，特别是郑州房地产市场的过去和现在，并能够研判这个行业的未来。

[作者系河南财经政法大学房地产经济研究所所长、博士生导师]

# 缘定正商四月天

● 陈子才

正商地产是河南本土地产行业的领军企业，历经 24 年的艰苦发展，它已成为全国百强民营企业。《第三只眼看正商》一书集中透视了正商地产在中国地产行业的核心价值，这是一本反映正商坚定信念、牢记使命、深耕郑州、筑城不辍、精美筑家的发展历程的好书。

正商地产的领军人物张敬国先生是河南邓州人，他为人低调内敛，率领正商人做正人、做正事、走正道、行商道，将企业定位为做高性价比品质地产商和做中国品牌地产商，追求品牌化和品质化经营，把正商地产打造成河南本土地产行业的"领头羊"和"地产航母"。目前，正商在 9 个城市开发创建了近 80 个楼盘。大音稀声，大象无形，他不愧是一位卓越的领军人物。

我们夫妻俩长期在新疆乌鲁木齐从事科学研究工作，在天山脚下学习、工作、生活了整整半个世纪。退休之后，子女希望我们回内地定居，安度晚年。由于 3 个孩子在郑州，所以我没有回无锡，而是选择定居郑州。2004 年，我们准备在郑州买房，看了几个楼盘都不太满意。后来，在郑州国基路看到了正商四月天售楼处，这是以我国著名建筑大师梁思成先生的夫人林徽因女士的《你是人间四月天》诗而取名的小区。我十分喜爱这个富有诗意的名字与小区的建筑风格以及周边的环境，于是就选购了一套，于 2005 年入住。

四月天小区由 32 栋楼构成，设计布局十分合理。小区内中央景区一条水渠把两个人工湖连在一起，还堆砌一座假山，造了人工瀑布，湖光山色，颇有特点。院区内种植着各种树木：广玉兰、水杉、银杏、合欢、黄山栾、桂花树、石楠、女贞、杨柳、竹子，还有棕榈和剑麻。一年四季，万木葱翠。各种花卉，月季、玉兰、桃花、樱花、紫荆、紫薇、棠棣、桂花、合欢，吐艳溢香，令人心旷神怡。夏日炎炎，合欢树上粉红色的花朵犹如蝴蝶飞舞；秋天，黄山栾树盛开着金色的小花，满树金黄，十分喜人，繁花落尽，又挂满无数"灯笼"，当真是"黄山栾树秋色艳，金黄耀眼笑秋风。花落满树挂灯笼，赏心悦目心花放。"

四月天小区的业主对物业管理非常满意。院区保洁尽职尽责，马路和楼道打扫得非常干净；院中树木绿化，一道道绿篱和一棵棵景观树修剪得十分美丽；物业公司从经理到员工，微笑服务，业主的诉求及时解决；水电维修的工人师傅为业主排忧解难亦非常及时；小区保安秩序员彬彬有礼，日夜站岗巡逻，确保小区安宁；每天清晨，保洁工见面都会打招呼问好，亲如家人；每逢重阳节，物业公司还上门送花，十分温馨。我们两个皓首银龄的老人，缘定正商四月天，在这里养老，安度晚年，也是人生有福也。

最美人间四月天，满院樱花竞争艳。银杏小扇生机旺，杨柳轻舞景色鲜。紫荆簇拥花盛放，湖边红枫似火焰。小区美名天下传，源自才女好诗篇。

值此《第三只眼看正商》一书出版，赋小诗一首共贺：

二十四年创业艰，筑城不辍展新颜。

深耕郑州成翘楚，拼搏开拓奋向前。

长江奔流千帆发，英雄高歌谱新篇。

第三只眼看正商，春潮涌动声震天。


[作者原为中国科学院新疆化学所副所长、研究员，正商四月天业主]

# 我看正商蓬勃壮大

● 张文民

"海为龙世界，云是鹤家乡。"这是正商地产的"长子"北云鹤大门边上的一副对联。它彰显出正商人的款款大气和浓浓的人文气息。

20世纪末，从遥远的北方飞来一只风韵健硕、英姿勃发的仙鹤，迎着灿烂的曙光、带着喜悦和吉祥，在这古老而年轻的天地之中筑巢、繁衍……正商地产第一个生息之地叫"北云鹤"，位于郑州北部核心区，与河南电视台比邻而居。凤栖梧桐树，鹤立电视塔。这是正商地产早期为市民精心打造的诗意居所。

我与正商地产的结缘，始于2004年5月郑州首届房地产交易会。当时，我们刚从美国回来，女儿说要给我们在郑州买房，于是，接下来几天我们就忙着看房，有一天中午，正在徘徊中的我们，被一个热情帅气的小伙子喊了一声叔叔、阿姨之后，我们跟着他上了金色港湾的看房车。

我相信一见钟情，也许是前世的情缘；我珍惜萍水相逢，也许是梦想中的期盼；我难忘奇遇邂逅，也许她充满了故事和浪漫。

金色港湾的亭台楼阁、廊坊水榭，一下子深深地吸引了我。我顿时觉得这里就是我寻觅已久的安居之地，是我停泊的港湾，是我梦中的新加坡风情小镇。那一刻起，我们决定在这里买房，在温馨的港湾安度晚年。

感谢上苍的赐予和眷顾，感谢这如画的景观，感谢这块上风上水的宝地，感谢孔雀东南飞的神话浪漫。给了我无限的启迪和灵感，十几年来在这里，我创作了大量的作品，迎来了创作的新高潮。

2005年，《正商汇》的创刊号上刊载了我的诗《金色港湾我回来了》。我是当年港湾社区中秋联欢晚会的主创人员。晚会上我唱了自创歌曲（作词）《金色港湾我的家》：……我爱你南国的风情 / 我爱你时尚高雅 / 我爱你水乡的园林 / 我爱你景观如画 / 你为我圆了人生梦 / 你为我洗尽铅华 / 你为我捧上清泉水 / 你为我盛开桂花 / 我爱你啊 / 金色的港湾 /

温馨的港湾／这里就是我的家。

2008年1月，金色港湾社区由于环境优美、邻里和谐，参与全国共建，成绩显著被评选为全国"平安家庭"示范社区（河南省25个优秀社区之一），我家也被评选为全国"平安家庭"示范户（全国1000户获奖，郑州仅3户）。

2008年8月的一天，我在金色港湾星岛湖畔的冥思园里构思了我的成名作《我们与奥运同行》（歌词），被评选为北京奥运会全国百首优秀歌曲奖。

2010年6月11日，我邀请几个诗友来我家做客。在金色港湾富有诗意的沐风轩里品茶论诗，随后我发起成立了享誉中原的"大河涛声诗友会"并担任首届会长。

2016年5月母亲节那天，看到了小区里的国槐树开满了洁白如银的槐花，我浮想联翩写成了我的代表作《故乡的槐花》。2017年这首诗入选的《黄浦江诗潮》一书……

金色港湾是吉祥如意的福地，是颐养天年的风水宝地，也是我创作的灵感之地。

正商地产的每一处品质楼盘，都像一颗颗硕大的蓝钻，都是温暖的四月天，都是一个充满爱的港湾，让广大业主在这里停泊休闲，给业主带来极大的成就感、安全感、归属感。

这正是：

第三只眼看正商，

鹤立中原高大上，

旗帜标杆新名片，

河南地产领头羊。


[作者为郑州大河涛声诗友会会长，正商金色港湾业主]

# 城市运营
## 第一辑 CITY OPERATION

# "锤子"精神 丈量企业良心

● 袁瑞青

2013 年，正商地产旗下在售 20 余个楼盘，共实现销售额 102 多亿元，一举进入"百亿俱乐部"。2014 年，正商地产前 5 个月在郑州累计掷资 22 亿余元，堪称头号"地主"。

面对殊荣，正商人却以归零心态，强势掀起了一场"品质提升风暴"。这场以"找差距、提品质"为主题的正商品质提升运动一经拉开，便迅速成为业界关注的热点。

## "锤子"精神 折射地产企业良心

在现代人眼里，锤子是工匠精神的物化。海尔砸冰箱砸出了一个中国制造的家电国际品牌，成为衡量产品品质是否过硬的质量标准。锤子科技肩负制造移动互联网终端设备的一种企业使命，沿袭工匠精神，打造出用户体验一流的数码消费产品，成为改善人们生活质量的典型案例风靡网络，而锤子精神对于一个年销售过百亿元，连续多次荣获中国房地产百强企业，区域房地产行业龙头品牌的正商地产而言，却有着非同寻常的品牌价值和社会意义。

2014 年，对中国房地产而言可谓是一个破局年，正商地产更是将其定为自己企业发展的品质提升年。把"锤子"精神作为这一行动纲领的执行者，一经推出，即吸引了社会各界的眼球，在同行乃至合作伙伴之间引起关注，正商地产某社区约 30 万平方米的开工面积因一个电信机件盒安装错位被勒令拆掉重新施工！此举可谓是其品质提升的前奏，正是通过这种对细节苛求到近乎到疯狂的严谨，让正商在业内有"工匠控"的美誉。

砸掉，有人认为是浪费，可不砸掉企业便会失去顾客之心。从当前城市化进程来看，总量问题已经基本解决，住得好坏，品质和服务及客户体验是房地产行业今后发展的价值趋向，因此正商引领的"砸"产品现象或许会成为地产界的一种常态。

## 品质把控 从第一步到每一步

正商专门成立了品质提升领导小组，由总裁张敬国任组长，副总裁任副组长。这个部门的职责就是监督公司所有项目的工程质量，而且，公司赋予领导小组特权，发现有产品质量不合格，可以直接砸掉，然后处罚责任人。

也正是因为对工程质量建设动了真格，使得公司上下对建造质量的追求达到了一个新的高度，无论是从项目的规划设计，景观营造，国内外顶级规划设计机构、品牌顾问机构、管理咨询机构的整合和引入，还是到工程质量的验收、样板区的美化、销售案场的景观示范区，各个环节，从第一步到每一步，无一遗漏。

"正商地产成立以来一直坚持品质立企的理念，为郑州和中原20多万百姓提供了一流的房产和服务，而今，百亿正商站在更高的制高点上，自我加压，提升品质，作为学界人士，我为正商此举鼓与呼，报以掌声和嘉许。"河南财经政法大学房地产经济研究所所长李晓峰说道。

### "一把尺子、一柄锤子"撬动楼市变革

高手过招考验的是思维观念和想法。企业若胜必然胜于战略思考与策略执行。"锤子"精神被贯彻后，正商出现了两把利器：一把尺子与一柄锤子。尺子丈量施工者的良心，锤子专砸疏忽懈怠。极致严苛、精益求精、论事罚人、这是一个企业打造百年品牌，夯实企业基石的决心和态度。

2014年下半年，正商对旗下旧社区进行了大规模产品设施升级，这种反哺行动，已经开始产生社会效应。这种对消费者有利并能推动地产界品质升级的战役是值得我们去围观的！毫无疑问，正商地产初战大捷，下一步将矢志不渝用一把尺子与一柄锤子撬动郑州楼市的变革，智者的眼光总是那般邃深幽远。

产品品质的高低犹如功夫内力的深浅，正商地产这次苦修内力——工匠精神，一柄锤子能给郑州地产界带来多大的动静？让我们拭目以待，看地产高手如何破局！🔝

刊载于2014年7月9日《大河报》

正商善水上境实景图

# 绿色人居 代言郑州

● 李志鹏

**核心提示：** "绿色人居，代言郑州"，是对土地梦想的承载。生于此长于此的正商地产，已经与郑州血肉相连、水乳交融，成为郑州房地产开发行业的一面旗帜、一个标杆。正商地产肩负的不仅仅是为数十万业主创造品质生活，更是对郑州这座城市的反哺，是对城市、对土地、对客户、对资源、对未来的负责。

2014 年，为提升品质而进行的服务管理升级风暴在正商地产内部展开，品质服务说了就做，坚决不打折扣，雷厉风行，一切从客户的生活需求出发，为业主提供品质服务正商人没有条件，也没有借口，只有服从和行动！全体正商人在品质提升运动中的纪律严苛到近乎残酷，但正是这种自我严格约束，催生了一个企业品质的飞跃。

## 对业主：真正做到了品质承诺

一场品质服务攻坚战在郑州正商新蓝钻、正商金色港湾、正商四月天、正商明钻、正商东方港湾、正商玉兰谷、正商红河谷等 20 余所新老社区激情上演，从黄河畔到龙湖镇，从西环路至郑东新区，正商对郑州各个区的正商系项目进行变革改造。老的社区配套进行升级改造和完善，新的社区出品严格把关，这一品质服务行动投入的不只是巨额资金，更是反哺老业主的真情。

各个社区的品质提升服务，都从居民生活细节着手，实施"地面零车位"，大幅度增加绿化面积，造福了业主；统一规划智能化充电器等，让业主充分感受到在社区的便捷生活。

此外还实行社区会所化功能管理的多样化，对棋牌室、阅览室、乒乓球台、休息室等进行了优化升级，为业主的多样化生活提供了保障。

## 对产品：用近乎严苛的建筑标准要求

2014 年春节以来，正商多个部门在工地现场马不停蹄地奔走，在各个环节找差距、完善每一处细节，对磨损严重的材质及时处理与更换等等。这项工作耗费的资金已上亿，要知道，这些资金足够建造一个新的社区。

如此不计成本地提升社区品质，正是源于正商对产品建造标准的严苛。正商的要求在很多方面是高于国家标准的。比如，所有正商在建社区的公共空间都要进行精细化装修，地下车库到步梯入口之间的路段一定要有亮灯工程；景观区建设要在原来的标准基础上提高一个档次；根据工程施工规划要求，要高标准完成施工，建筑材料、部品部件要有严格的品质保障，凡是材质不达标、不合标准的，一律不准采购，即便施工完成的也要立即拆掉重换。一句话，正商不怕返工增加成本，就是要不计一切代价地提升品质。

### 对员工：责任到人，各献其力

截至 2014 年，正商在郑州的在售项目有 22 个。让这么多楼盘同时保持高效、有序运转的同时，还要做到品质的大幅度提升，着实是一件十分复杂且艰巨的事情。只有时刻保持清醒和强势的执行能力，才能做到这一点。

正商地产对完美品质的追逐永不止步，对客户的服务有严格的执行标准。如"四重检查机制"的实施运转，旗下社区物业经理直接被约谈，并立下"生死状"，若整改不到位便自动离职。

因为正商懂得，员工的执行能力决定了一个企业的兴衰昌盛。而且企业不断超越还需要无数个基层员工聚力裂变，倘若在现有水平上停滞，就等于在倒退。目前，正商地产相继与戴德梁行、金螳螂、安彩高科、龙湖景观团队、盖洛普等签约合作，不断进行品牌提升，并不打折地永远践行对品质生活的追求。

正商地产集团软实力的助推，让正商人不断创新、挑战自己。正商地产每一组、每一个人在不同的职位都各尽其责，正是这样正商品质提升运动才得以高效稳步推进。

刊载于 2014 年 7 月 16 日《大河报》

# 体验营销 让品牌活力四射

● 李 飞

**核心提示:** 如今, 体验式营销已经成为房地产企业赢得客户认同的专业促销利器。样板房"居家生活"体验, 景观示范区价值体验, 看房通道参观体验等, 让人感受到从未有过的生活品位, 正商品质提升的核心即是从客户需求出发, 让业主实实在在地感受到源于品质生活的精细化服务。正商品质提升风暴历时 6 个多月, 硕果累累, 赢得业主一致好评。这场品质提升运动, 让中原重新认识了正商地产!

## 一丝一缕, 提升细节出臻品

经过不懈努力, 正商品质提升在社区安全、出入通畅及生活便捷等各个方面有了极大改观。正商地产曾花费 100 多万元为郑州某社区换入户门, 也曾花费 1000 万元重新装修各老社区公共区域。2014 年 3 月 29 日, 正商地产与国家重点高新技术企业安彩高科强强联手, 组合发力, 为正商品质提升打下良好的基础, 真正实现从源头上保障建造品质的目标。

从社区服务细节到硬件生活设施升级改造, 社区红外线监控更换成了电子围栏, 电梯内设智能刷卡, 增加非机动车棚数量和便民充电系统等等。无论是社区安全性、出入的便捷性及服务软实力都有了很大改变。

正商对产品建造标准的要求在很多方面是高于国家标准的。比如, 所有正商在建社区的公共区域都要进行精细化装修, 景观区建设要在原来的标准基础上提高一个档次; 根据工程施工规划要求, 要高标准完成施工, 建筑材料、部品部件要有高品质的防伪标识, 凡是材质不达标、不合标准的, 一律不准采购, 施工完成的也要立即拆掉重换。一句话, 正商不怕返工增加成本, 目的就是不计一切代价地提升品质。

## 一点一滴, 品质成果由小聚多

房地产市场逐步成熟, 体验式营销胜者为王, 停滞不前终究会被市场大潮淹没, 品质提升更无捷径可走。正商地产对于旧社区的感恩反哺不是资金能够衡量的, 也不是时间可以测量的, 这种坚定的信念一直流淌在正商人的血液里。

2014 年, 正商地产品质提升再出发, 从这一年开始, 正商地产视产品质量升级改造为根本, 以"归零"心态站在新的起跑线上, 以新的姿态重新出发, 以产品建造品质、社区服务品质、邻居关系品质的新视角，对客户有针对性地组织社区公益品质服务体验式活动，社区电影节、社区民俗节、社区文化节等公益体验活动脱颖而出，更有业主情景式社区景观游园品质生活体验开发，精益求精，用行动说话，为客户营造点滴服务氛围，矢志为正商地产70000户家庭、20余万业主交付一张满意的生活答卷，为成就百年城市，百年地产品牌吹响新的市场冲锋号。

**一花一草，亲身体验品质之旅**

2014年5月29日～6月2日，邻里节社区文化活动在正商新蓝钻举行，正商新蓝钻A区、正商新蓝钻B区、正商蓝钻、正商金色港湾等东南片区的正商新老业主齐聚正商新蓝钻E区，共同体验正商地产为业主精心打造的邻里节。

2014年6月16日，一场"爱在父亲节"的社区亲情公益活动，让现场的老爸们百感交集，感慨万千。一句句满载着父爱的心灵寄语在留言簿上呈现，像一团团爱的火焰，在业主之间温馨传递。

2014年6月22日，正商"感恩节"会员积分兑奖活动隆重启幕，像赶一场丰富多彩的家庭聚会，业主们欢聚在一起，从相识到相知，成为"熟人社区"的新老朋友。

连续多次的业主游园体验活动，新、老业主在家门口全身心体验了现代版的贵族生活，同时，以大型实景图片展览的形式，分别以工程改造品质，园林景观品质，社区服务品质，品牌升级品质为主题，从正商地产所属13个社区的闸门、单元门、入户门、电梯升控、地下车库、公共区域装饰、电子围栏、非机动车车棚等40多项产品进行升级改造，全面体现正商地产倡导人文生态社区生活理念、产品服务标准化升级管理的核心价值。

在正商新蓝钻E区，满院温馨如初的灯光闪烁，中心景观广场的水系从造型逼真的狮子雕塑嘴中喷出晶莹剔透的小瀑布，几只仙鹤引颈高歌，翩翩欲飞，时而在水面上戏水、停歇，一幅精致的慢生活画面呼之欲出。伴随着哗哗流淌的水浪，与时隐时现的水岸线相互偎依，琳琅满目的霓虹灯相映生辉，蜿蜒盘旋在根深叶茂的花枝植被间，宛如人间仙境。

社区水系边的小广场上，悠扬的小提琴声萦绕耳边，业主惬意地坐在旁边小亭子里，品尝着美味糕点，伴着迷人的星光之夜，深刻感受着郑州市中心少有的露天消夏夜晚的别样气氛。

可以看出，正商地产品质提升成果，不仅是正商地产品质服务升级的一种跨越，更是正商地产敢于否定自己，以品牌的社会公信力去赢得客户的信赖和尊重，这应是房地产界学习和效仿的榜样。正商品质提升，不单纯是产品硬件的改造，更是对生活方式的一种完善和改变，使我们赖以生存的城市人文素质得到提高和改变，这才是正商地产品质提升的核心竞争力。

刊载于 2014 年 7 月 23 日《大河报》

正商蓝钻实景图

# 深耕郑州 领跑城市

● 李志鹏

**核心提示：**春天来了。一元复始，万象更新，种子发芽，玉兰开花。正商品质提升，犹如春风化雨，融化在这早春二月里。

2015 年 1 月 21 日，正商地产战略研讨暨高峰论坛在郑州美盛喜来登酒店成功召开，来自河南省住建厅、郑州市房管局、郑州市物业协会的领导、知名专家学者及媒体专家等 30 余人汇聚一堂，共同为正商发展建言献策，对正商地产发展战略直言窥见。

## 2014 年，品质提升喜结硕果

2015 年 2 月 1 日下午，正商地产紧锣密鼓，持续推出 2015 新春购房季发布会暨媒体答谢会，一场由 20 余家主流媒体人组成的圈层购房运动在早春的郑州楼市率先打响。

会上，正商地产副总裁张国强表示，2014 年是正商品质提升喜结硕果的一年。正商除了对项目主体架构、内外墙装饰、施工质量管控、工程验收、图纸设计管控、材料进场管控、景观规划设计、社区公共区域标准化改造之外，对社区大堂、单元门窗、地下车库、排水系统、管网、智能化系统等都进行了品质升级改造。赢得了 7 万余户家庭，40 余万正商业主的赞誉和好评，为正商地产品质发展迎来了新的开端。

据悉，2014 年，正商地产取得了骄人的销售业绩，全年实现销售金额 118.69 亿元，同比增长 15.7%，销售面积同比增长 3.7%，其中郑州主城区销售金额为 94.2 亿元，占集团销售额的 79.4%，主城区销售面积 102.78 万平方米，占集团总面积的 74.9%。

2014 年，正商地产在产品建造、社区服务等方面做出了一些成绩，赢得了业主的肯定。一年多来，正商敏于行讷于言，扎实推进品质提升，尤其是在产品品质升级方面，正商地产更加注重标准化工作，正商在所属 13 个新老社区，分别从工程改造品质升级、园林景观品质升级、社区服务品质升级、品牌推广服务升级为主题，以社区单元门、入户门、电梯升控、地下车库、公共区域装饰、电子围栏、非机动车棚等 40 多项产品升级改造为基点，全面开启正商品质提升核心服务价值升级，形成了产品建造标准化系统改造。

## 2015 年，30 多个盘新春待购

新的一年，正商地产 30 余个项目在郑州、洛阳、新乡、信阳、青岛、海南等六个城市

同步开放，既有位居郑州市中心的正商城、正商中州城、正商佳仕阁、正商汇都中心、正商蓝海广场等热销楼盘项目，也有位于郑州东区的正商玉兰谷、正商书香华府等高端品质住宅项目。

其中位居郑州东区副 CBD 商圈龙子湖湖心岛上的正商四大铭筑、正商环湖国际等高端商业投资项目，更是万众瞩目。郑州正商红河谷、双湖湾，信阳正商红河谷等宜居生态大盘，以及青岛蓝海港湾、青岛红枫谷、青岛红河谷和海南红椰湾等旅游项目则吸引着更多追求品质生活人群的眼球。

作为郑州城市建设的前行者、力行者、践行者，2015 年，正商地产秉承"为优秀人群创造品质生活"的使命，继续深耕郑州，领跑城市高端人居品质生活，倡导和谐社区、智慧社区、节能环保绿色人文社区理念，以满足业主更高的生活需求为宗旨，承担更多社会责任，精心打造出更多符合高端人居生活的标杆社区。

2015 年，中国城镇化进程火热持续发展，城市化进入成熟攻坚阶段，毛坯房向成品房过渡，购房者品质服务需求更趋明显，房地产开发商存量去化，现金流资金回转，紧抓项目销量签约，精细化社区品质提升服务等构成的楼市竞争分化将更加激烈，期待以正商地产为首的本土龙头品牌企业，将肩负更多社会责任，在这个充满希望的春天，为郑州城市发展创造出更多精彩。🔝

刊载于 2015 年 2 月 11 日《大河报》

# 从纳税榜单看正商品质

● 袁瑞青

在 2014 年度河南省国税及地税纳税百强企业榜单中，正商地产以 16.78 亿元在地税纳税排名中位居河南省房地产行业第二，一举跃居地税百强第 16 名。纳税总额相比较 2013 年增加 6.18 亿元，是河南房地产业增幅最大的一家本土品牌房企。

## 二套房贷首付下调

### 政策利好迎楼市去化回升

从 2014 年度河南省国税及地税纳税百强榜单来看，本次入选地税纳税百强的房企有 46 家，纳税总额为 111.85 亿元，占整个地税百强企业税收总额的 31.37%，房地产税收收入仍然占据地税收入重要位置。

据悉，正商地产 2014 年实现销售金额 118.69 亿元，其中郑州市主城区销售金额为 94.2 亿元，占郑州市主城区销售额的 9.8%。同年第五次荣获中国房地产综合实力百强企业，呈现出销售额、销售面积、新开工面积连续增长的旺盛发展势头。

2014 年 3 月 3 日，中国民生银行房地产事业部与正商地产战略合作签约仪式成功举行。据悉，本次签约是中国民生银行与郑州房地产行业的首次合作。正商凭借 90% 以上销售业绩和在郑州辖区的核心竞争力，成为中国民生银行战略合作的唯一一家河南本土房地产开发企业。

同时，双方决定，本着合作共赢的准则，在传统商业银行服务的基础上，中国民生银行将有效整合境内外的保险、信托、租赁、基金等各项金融功能，优先为正商地产及其控股子公司和项目公司提供全面、高效、创新的综合金融服务和支持。

力争在住宅和商业物业建设经营等领域提高行业竞争力、品牌知名度，以此推动正商地产在提升市场竞争力、新型城市化发展、建筑节能环保与科技创新、促进消费升级版块发展、信息化建设和电子商务领域取得更大成就。

2014 年 3 月 30 日，央行推出二套房贷最低首付比例降至四成，为进一步完善个人住房信贷政策，满足二套房改善型需求，促进房地产市场健康平稳发展创造了新的利好条件。也为正商 2015 年产品快速去化，通过互联网微信平台社区智能化样板生活体验制造口碑传播，实现全员营销战略注入了新的市场活力。

## 6城36盘联合发力

## 体验式服务赢得产品热销

正商地产更加注重产品体验效果，更加专注于服务细节，切实满足购房客户的品质生活需求，在正商华钻和正商书香华府，我们看到，销售案场在单一完善购房标准化信息的基础上，增设了有助于客户生活体验的果汁、水果、糕点、甜饼等食品供来访客户享用，还特意为孩子增设了尽情玩耍的室内游乐设施，为书法爱好者提供了笔墨纸砚，让购房者在其乐融融的和谐氛围中畅享体验未来生活的品质服务，无形中会对产品增强无限信任感，提高了品牌幸福价值，也为案场销售赢得了不少签约。

据悉，除郑州之外，正商在洛阳、信阳、新乡、青岛、海南等6个重点城市同期推出品质大盘共计36个，其中有以西班牙建筑风格为主题特点的正商红河谷、正商红溪湾、正商玉兰谷、正商双湖湾、信阳正商红河谷等生态社区宜居大盘；有以城市改善型需求为社区主题定位，在主城区享有交通便捷、周边配套完善的正商城、正商华钻、正商中州城、正商汇都中心、正商花语里、正商佳仕阁、正商林语溪岸；有区位价值明显，未来升值潜力巨大的高端品质楼盘正商铂钻、正商书香华府等；还有以郑州副CBD商圈龙子湖为首的正商四大铭筑商业写字楼楼群。

据正商相关负责人介绍，2015年，正商地产以40万新老业主为主体消费群，着力以品质社区体验为核心竞争力制造口碑传播，以郑州市场为核心竞争区辐射异地正商社区，重点落实服务理念的贯彻和执行，扩大正商产品可持续发展力。更加注重产品细节的人文标准化管理，从改变生活习惯和提升生活观念出发，突出物业服务对业主生活细致入微的关怀和体贴，大力推行智能社区管家微信服务平台，从根本上实行点对点一站式终身服务，促使品牌价值最大化。

刊载于2015年4月15日《大河报》

# 告别"人工活地图" 正商引入新福祉

● 李志鹏

**核心提示:** 2015 年 4 月 17 日,全省城市基础设施建设管理工作推进会在郑州召开。这标志着河南省城市基础设施建设数字化管理跨入新轨道。城市数字化是我国智慧城市、智慧社区未来的发展方向,城市数字化离不开城市管网的数字化和智能化,而其中各类井盖管网系统基础设施则是推动河南省城市基础设施建设最为重要的组成部分。

## 消除潜在隐患 营造和谐家园

"郑州,郑州,天天挖沟。"在过去相当长的一段时间,坊间流传的这样一句俗语,或多或少印证了大众对郑州城市基础设施建设的最初印象。多年以来,人们依靠传统方式"人工活地图"管理城市市政管网、井、附属物等基础设施,但是随着科学技术的发展和城市建设速度的加快,"人工活地图"已经远不能适应建设形势发展的要求。

2015 年 4 月 23 日,正商明钻一期业主刘先生反映自家的后院小花园地基塌陷,很快负责该标段的施工单位及市建委质检处的专业调查小组,前来进行实地勘察,该质检小组通过专业技术设备勘测后得知:"刘先生的楼盘主体结构没有问题,造成地基塌陷主要是因楼体地下水管道管网接口生锈漏水从而导致坑基培土回落。"

得知楼体结构没问题,刘先生露出了憨厚的微笑,他对记者不好意思地说:"只要楼体结构没问题,我就放心了。"同时,对施工方负责任的态度深表感谢,施工方负责人现场同刘先生达成了维修共识,并拟定了修复方案,承诺限期把刘先生反映的地面塌陷及管道漏水问题彻底解决。

当天,正商物业管理公司还协同施工方对该楼盘相关住户统一走访,对社区所属的上下水管道、地下车库、消防系统、窨井盖、防护网等城建基础设施进行了检测排查,消除潜在隐患,从根本上解决业主的担忧,给居住者营造了宁静、祥和的生活环境。

随后,正商一社区物业管理处全体工作人员还发起了"拾烟头,捡纸屑,保护环境卫生"我爱我家志愿者公益活动,对小区卫生死角,周边街道及公共区域基础设施展开全面彻查,业主纷纷共同参与,力争营造社区和谐生活氛围。

2015 年 4 月 27 日晚上,正商志愿者在社区周边街道集结,数百名志愿者手拿扫帚、撮灰斗、垃圾袋等环保工具走上街头，为社区居民清理垃圾、开展卫生保洁工作，为到来的"五一"劳动节增添了一抹青春的风采。

**加强安全防范意识　提高社区服务品质**

近年来，窨井伤人的事件时有发生，每次发生这样的事情，人们都会唏嘘一阵，网民也趁机吐槽一番，却没有人真正因为这件事被问责，风头过后，事情最终也就不了了之。

城市地下管线是城市基础设施建设的重要内容和城市生存、发展的生命线，遍布城市的各个角落，与人民生活息息相关。

据调查，郑州市还没有一家房地产开发商助力城市公共安全设施建设，鉴于此，为了完善社区公共安全设施配套，提高社区物业服务品质，正商地产联合北京一家科技公司在以正商蓝钻、金色港湾为首的郑州东南片区及正商四月天、世纪港湾、东方港湾、绿岛港湾等人口居住密集的小区周边道路，如银莺路、港湾路、果园路、银河路、宏达路、康平路等主干道地面的窨井上加装安全警示装置。

同时，组织正商社区配套的中小学校联合开展公共安全演练活动，提高中小学生的安全意识，并通过学校微信平台给学生家长发送信息提醒，提示学校领导及学生家长对周边道路窨井盖加强安全防护意识，普及如何安全疏导离开的专业常识。

据悉，该预警信息系统能更加准确地掌握井盖实时信息，并利用综合信息管理系统对建立排水井盖安全事故实施预警机制，实现安全管理预测、预警、预判，大大提高了社区安全监管的实时性、透明化和高效化。

刊载于 2015 年 4 月 29 日《大河报》

# 经开广场："中大门"新名片

● 李志鹏

**核心提示：** 2015 年 5 月 16 日，距中大门河南省保税体验中心仅一路之隔，正在申报的中国（郑州）自贸区经开区核心区域，近 30 家主流媒体齐聚正商经开广场，共同见证这座集甲级写字楼、企业独栋、商业、公寓为一体的商业综合体隆重启幕。

据悉，作为首批嘉宾，媒体人实地考察了正商地产商务经典之作——建正东方中心样板示范区，随后，又一同前往正商经开广场项目工地进行了参观，深度体验了中大门自贸商务区的独特商务氛围。

### 住宅名企 开启自贸区核心商务标杆

发布会现场，正商地产营销总监郭丽敏发表了精彩致辞，对正商地产写字楼物业发展理念及历程进行了阐述，表示正商经开广场是 2015 年正商写字楼的升级之作，是正商在打造了国际广场、正商蓝海广场、正商向阳广场、正商和谐大厦、正商四大铭筑等精品写字楼之后，集合 18 年土地开发经验的集萃之作，正商地产将把正商经开广场打造成全新商务封面。

郑州本土最大的一家房地产销售代理机构，恒辉地产顾问副总裁赵中亚针对项目投资价值进行了详细解说，使各位嘉宾对正商经开广场有了更为深刻的认识，并一致认为正商经开广场势必成为继 CBD、高铁区之后自贸商务区的掘金利器。

据悉，正商经开广场，集 5A 甲级写字楼、企业独栋、商业、公寓为一体的 30 万平方米商业综合体，地处城市东西主干道航海东路和南北主干道经开第九大街交汇处，此处正是申报的中国（郑州）自贸区经开区核心区域，距中大门河南省保税体验中心仅一路之隔；坐拥地铁 3 号线、5 号线，3 分钟驶入京港澳高速，5 分钟到达高铁站，10 分钟直达新郑国际机场的地利之便。

正商经开广场，5A 甲级全精装，Low-E 玻璃幕墙，13m 挑高奢华大堂，4.1m 罕见奢侈层高，OA 架空地板和方格品牌地毯，VRV 智能空调新风系统，7 部国际顶级品牌电梯，67：1 高配比停车位，世界知名物管，75% 超高得房率，7200 ㎡ 定制独栋，1600 ㎡ 精装整层，120～260 ㎡ 自由商务空间，在未来的市场竞争中，必将成为自贸商务区核心区域的商务标杆。

### 凸显区域价值 精心打造项目核心增长点

正商把自己的商务巨作献给经开区，足见其作为一个名企的慧眼识珠。放眼大郑东，CBD 已经发展成熟，龙湖片区、中牟片区尚处起步阶段，唯有经开区正处于价值洼地。目前经开区各项建设突飞猛进、世界 500 强企业纷纷入驻，无疑会让郑州的商业地产迈入新的黄金发展期，经济技术开发区正在崛起为郑州新商务经济中心，也由此成为投资者聚集的财富洼地。

作为国家级产业集聚区的郑州经济技术开发区，2000 年 2 月被评为河南省首个国家级经济技术开发区。在 2014 年 4 月全省 180 个产业集聚区观摩活动中，被评为全省十强产业集聚区第二名和两个三星级产业集聚之一。2015 年，郑州经开区成为全省第一个也是目前唯一一个六星级即最高级产业集聚区。优越的政策环境，加上未来的发展前景，让经济技术开发区成为郑州投资高端商务写字楼项目的热点区域。

作为地标性商务写字楼办公楼盘，正商经开广场位居自贸区核心区，绝版地段优势得天独厚，此区域是郑州的价值样板，未来升值空间不可限量。作为河南本土房地产行业的区域龙头品牌，正商地产将集 18 年深厚住宅开发经验，从品质、价格、服务上最大限度地满足业主的价值需求。

项目建成后，配套设施齐全，7 部高速客梯，1 部货梯独立分开，互不干扰，超五星级酒店配置和全球知名品牌电梯强势进驻，全面采用 EPON 接入系统，千兆光纤直接入户，物业服务将引进全球一流物管专家，力争为全球投资者打造一个高端科技商务样板基地。

刊载于 2015 年 5 月 20 日《大河报》

# 3e-CBD，正商定义中原商务新标准

● 王亚平

2015 年 12 月 17 日下午，正商 3e-CBD 产品标准发布会举行。来自郑州市及相关县区的政府部门负责人、业界著名专家及部分入驻企业负责人共 300 余人莅临现场"品鉴"，从产品和服务两个维度，共同释义正商写字楼区域中心产品服务新标准。

## "3e-CBD"新标准

在写字楼建筑领域，正商近几年集中发力，先后推出了正商国际广场、蓝海广场、建正东方中心、和谐大厦、四大铭筑、经开广场等一批高端写字楼工程项目，从硬件设施上，引领了郑州写字楼的新标准，领跑郑州商业写字楼市场，其中自持物业达 20% 以上。在已成功运作多个项目的背景下，正商提出了"3e-CBD"这一新标准。

发布会上，正商地产副总裁张国强首先向到场嘉宾致辞，他说，正商"3e-CBD"产品标准发布会的启动，标志正商地产在郑州写字楼商务办公建筑领域的新战略布局定位，这将是正商乃至郑州写字楼的新起点、新标准。

据悉，正商"3e-CBD"产品中，CBD，即区域商务中心或称中央商务区；3e 主要涵盖三个部分：即 electronic 电子智能（智能＋信息）；ecological 生态健康（健康＋节能）；excellent 优质高端（舒适＋国际化）。这三大系统的写字楼结合周边住区、优质公寓、完善的市政和生活配套设施、靠近政府机构的便捷条件，可以实现 80% 以上的人徒步或乘用公共交通上下班。崇尚绿色低碳、健康快乐、舒适方便、开放共享，这就是正商"3e-CBD"的主要特征和理念。

## 构筑写字楼集群样板示范效应 打造徒步 30 分钟办公生活圈

诚如张国强所言，正商在商业写字楼领域的探索和实践是依据其对城市功能化定位的深刻理解，遵循城市结构的历史演变和住宅中心片区化发展来做的。

与一般企业靠单体项目开发概念炒作吸引客户的运营模式不同，正商采取由若干栋楼、在同一片区内同时开发形成写字楼集群样板示范效应，依靠正商地产在郑州市场的区域品牌影响力和同一城市比较集中的社区居住硬件为支撑，打造写字楼徒步 30 分钟办公生活圈。

发布会上，正商地产总裁助理马晅从正商"3e-CBD"写字楼产品硬件设计方面向到场

嘉宾做了详细分析和研判。他说，正商"3e-CBD"产品建造将按照国际标准设计施工。未来，正商"3e-CBD"将为入驻者创造一种全新的办公化生活方式。项目大到外立面石材、电梯系统、空调系统、窗玻璃、直饮水系统，小到门窗五金配件，每一项建材都是精心挑选，从规划设计到建材、施工，每个环节都要经过重重考验，只有这样才有高品质的写字楼产品。

之后，正商地产副总裁郭伟向与会嘉宾详细介绍了正商"3e-CBD"写字楼办公的国际化物管服务："我们将在正商'3e-CBD'的基本理念上，充分发挥硬件的优势，做加法和延伸服务，利用互联网、大数据、智慧云、信息化等科技平台拓宽服务领域，拓展服务内容，带给客户绿色低碳、健康快乐、方便舒适、开放共享的美好体验。"

郭伟说，正商还要致力构筑中国高端商务物业科技信息服务平台，运用移动互联网信息平台，为客户提供专业智能的高效解决方案，实现各类支付业务、资产租售、保洁服务、餐饮服务、会议服务、健康管理等，结合CRM客户管理系统为客户提供一站式无缝隙的服务。

未来还要成立正商"3e-CBD"企业家俱乐部，举办商务、经济、文化、艺术、健康等论坛，建立有共同兴趣爱好的社群，实现资源分享，互动交流，情感共鸣。

### 高品质共舞国际服务范儿

卓越的物业管理服务是成为高品质写字楼最有力的品牌支撑。

据悉，正商先后与全球"五大行"，即仲量联行、戴德梁行、世邦魏理仕、第一太平戴维斯、高力国际进行深入洽谈，第一太平戴维斯为正商红河谷的物业管理再升级做出了突出贡献。另外，经过招投标达成如下协议：仲量联行进驻正商经开广场、戴德梁行进驻建正东方中心、世邦魏理仕进驻正商四大铭筑·博雅广场、高力国际进驻正商城，实施点对点量身打造专项合作，共舞国际服务范儿。

与五大行国际级物业管理顾问的强强联合，注入国际标准，必将在未来写字楼招商方面吸引并留住更多国际一流企业客户，同时高档品牌的引入必将收获租金和出租率的双方面上扬，实现多赢。

发布会现场，来自全球五大行之一的世邦魏理仕华中区资产服务部董事张俊峰作为正商写字楼涉外物业服务进驻代表，向到会嘉宾详尽诠释了世邦魏理仕的历史发展与正商写字楼定制式样板商务服务标准。

他表示，世邦魏理仕总部位于美国加利福尼亚州洛杉矶市，是财富500强和标准普尔500强企业之一，在物业租售的战略顾问及实施方面，世邦魏理仕已经成为亚太地区的行业楷模。与正商地产的战略合作，是其为中国区域省会城市郑州写字楼市场的专供服务试点，双方将倾力打造正商"3e-CBD"区域商务中心写字楼标准服务体系，为改善郑州写字楼专属办公环境注入新的市场活力。

正商"3e-CBD"的成功落地，将会给郑州的写字楼市场带来一场新的变革，让"改善城市办公环境、打造半小时徒步上班工作圈"成为可能，打造一个集办公、休闲、社交、商务、生态、健康、节能等于一体的商务综合体时代，实现写字楼的电子智能、生态健康、优质高端，为"快乐工作每一天、健康工作每一刻"提供了坚实的基础。

## 【重磅点击】

正商"3e-CBD"释义

一 electronic- 电子智能（智能＋信息）

electronic- 电子智能，主要包括 6A 智能安全办公体验，即 OA 办公自动化系统、CA 通讯自动化系统、FA 消防自动化系统、SA 安保自动化系统、BA 楼宇自动控制系统、AA 中控室统一管理运维显示系统。依靠云数据处理传输、物联网、IDC 机房系统、耗能信息图像显示，电梯轿厢漏缆技术，实现 5G、4G 传输。

二 ecological- 生态健康（健康＋节能）

ecological- 生态健康，可以使写字楼综合节能提高 50%，幕墙太阳能发电板太阳能照明（引用到走廊，地下车库 ）；窗墙体系保温材料加厚 20%，LOW-E 玻璃，窗开启控制，全节能照明系统，空调智能控制系统、电梯高低区分区群控、大堂旋转门为员工营造更加舒适健康的办公生活空间。PM2.5 监控设施系统实现办公区域全覆盖，室外湿度、温度、天气预报提醒，日常健康监测等，营造一个无污染、低能耗的生态办公环境。

三 excellent- 优质高端（舒适＋国际化）

excellent- 优质高端写字楼项目引入高端建筑设备，空调系统在公共区域部分全部设置中央空调，办公户内增设户式冷暖空调；新风系统采用五星级酒店的新风标准，每间办公室、公共走廊均设有新风口，让你自由呼吸、高效工作。电梯系统采取超大吨位宽轿厢设计，地上地下摆渡梯分流，可提高电梯高效承载能力。公共大堂、会议中心、餐厅、咖啡厅，超宽带光纤入户，人行摆闸系统人性化设计，营造无障碍通道，便捷地下停车系统与外部景观相得益彰，集享一站式高端写字楼办公舒适空间。

刊载于 2015 年 12 月 21 日《郑州晚报》

# "四大行"战略达成 物管服务竞从容

● 殷淑娟

**核心提示：**2015 年 12 月 14 ～16 日，国际上合组织总理峰会在郑州召开，世界 30 国首脑同聚郑州 CBD，共同谋划全球化中国商务贸易圈，开启了礼仪郑州，礼仪中国，礼仪商业写字楼办公服务新时代。

历时一年时间，经过反复商榷，正商地产先后与全球"五大行"即世邦魏理仕、仲量联行、戴德梁行、第一太平戴维斯、高力国际进行了全面会晤，将正商写字楼物业服务规划及物业服务需求同"五大行"进行了深入交流。经过招投标，最终选择了其中四家达成战略合作意向，分别作为正商地产高端写字楼项目：正商建正东方中心、正商四大铭筑、正商经开广场等战略与管理咨询顾问。至此，除高力国际外，正商已与世界级物业管理"五大行"中的"四大行"成为舞伴儿，共舞国际范儿品质办公时代。

## 从"幕后"走向"台前"，商务办公物管成"主角"

2015 年，各大房企新一轮战略规划中开始反复提及物业管理、社区服务，甚至开始将这些作为未来战略的重要一极。2015 中国房地产 500 强测评发布会也是盛况空前，地产大佬就"跨界营销、互联网思维与房地产创新"等问题展开探讨。

全国各地商务写字楼市场需求也悄然增长。郑州作为国家"十二五"规划的重点城市，随着城市国际化进程的加速和经济不断的繁荣，郑州商务办公进入一个全新的时代指日可待，市场对高品质写字楼物业的需求迫在眉睫。

2013 年中国房地产开发首选服务商品牌（物业管理类）榜单十强中，国际五大行占据四席，戴德梁行和第一太平戴维斯分别位列第一和第三；2014 ～2015 年是房地产拐点年，房企越来越注重以服务逻辑为主导的产品和服务的竞争，房地产物业公司凭借其拥有大量业主的先天优势，走上了拼服务、拼产品、拼口碑的竞争之路，本土的物管企业终于迎来了崛起，迎来了符合国情的物业服务、社区服务、写字楼服务的本土化品牌服务竞争时代。

2015 年，正商地产加速运作独立了两个物业公司：正商物业、兴业物联，专项发展精品住宅物业、高端商业写字楼物业服务。正商地产董事长张敬国说："我们将更加注重品质体验，更加专注于区域办公顶层设计，让郑州 80% 以上的人步行上班，让员工健康工作每一天，为更多城市精英打造半小时生活圈"。

磨刀不误砍柴工，在此战略指引下，正商历时一年时间，反复调研，先后与世界知名的"五大行"（仲量联行、戴德梁行、世邦魏理仕、第一太平戴维斯、高力国际）进行了全面交流，将正商写字楼物业发展规划和物业公司的相关情况及需求向"五大行"进行了介绍。经过招投标，最终，在2015年最后一个季度，与其中"四大行"达成战略合作意向，分别作为高端写字楼项目正商建正东方中心、正商四大铭筑、正商经开广场等的战略与管理咨询顾问。至此，除高力国际外，正商已与世界级物业管理"五大行"中的"四大行"成为舞伴儿，共舞国际服务范儿。

**物管网服务全覆盖，高端写字楼新办公模式呼之欲出**

正商主管销售的负责人说，有人这样描绘了一个场景：写字楼硬件优良，这是其作为公司的生产资料的最根本属性，随着经济、科技的发展，倡导绿色、节能、低碳、环保理念，写字楼产品逐步向高智能化、个性化、人性化演变。写字楼已不单单是办公场所，应该在其中注入更多的场景式体验元素，打造集办公、休闲、社交等于一体的商务综合体。

他说，未来的商业写字楼不再是比房子、比地段，而是比服务。现在的写字楼是"老板楼"，一切服务为老板，老板有自己的专用电梯和宽敞办公室，一切都是土豪金的享受，未来则不是，未来的写字楼会更加偏爱员工生活。

正商技术中心商业写字楼经理裴明表示，未来，正商写字楼将为入驻者创造一种全新的办公化生活方式。项目大到外立面石材、电梯、空调、窗玻璃、直饮水系统，小到门窗五金配件，每一项建材都是精心挑选。从规划设计到建材、施工，每个环节都要经过重重考验，只有这样才能打造高品质的写字楼产品。

他认为，未来的商业写字楼项目必须满足跨国及国内企业日渐提高的办公需求。在新的竞争领域当中，要想赢得高品质的客户，就必须在写字楼运营的每一个细节上达到更专业的水平。

无疑，正商牵手"四大行"，势必会在郑州未来高端写字楼物业服务领域规划出新的消费形态，并为满足未来国际化企业办公的需求做出实质性的探索。▲

刊载于2015年12月16日《大河报》

# 对话城市"软实力"

● 殷淑娟

**核心提示**：2016年春节刚过，房价加速增长的消息充斥着各种媒体版面，与此同时，楼市品牌服务竞争更加激烈。正商地产作为中国房企百强，中原房地产行业的区域龙头企业，推出了高品质建造，高品质服务，高品质配套战略，6城联动，集中发力，对郑州、洛阳、新乡、信阳、山东青岛、海南文昌所属社区突击大巡检，巡检团队就工程建造、物业服务、环境配套进行全方位巡检，以客户需求为中心，把精准服务做到极致。

**社区突击大巡检　打响高品质建造第一枪**

新年开工第一天，很多单位还沉浸在春节长假里没有回过神来。正商地产董事长张敬国即召集各部门高管举行视频会议，会议结束后，郑州、洛阳、新乡、信阳、山东青岛、海南文昌，6座城市集体联动，所有与会人员由各部门一把手带队，奔向正商地产旗下所属社区、写字楼，为期3天的正商"社区突击大巡检"由此拉开帷幕。

巡检过程中，小组认真检查项目每一个细节，从脚下的每一块砖，到每一棵绿树，再到物业安全服务等，对发现的每个问题逐一记录整改。技术中心人员组成的西北片区第一组负责检查正商玉兰谷项目，巡检团队就社区景观装饰、配套、物业服务进行了全方位的检查。

正商地产董事长张敬国说："高品质建造是一项长期性、全面性、持续性的工作，需要多部门协调进行。通过这次大巡检，我们要对社区的物业服务，工程建造、周边配套等问题进行进一步整改和升级管理，重点抓细节，高标准，严要求，以客户需求为中心，对客户负责，把高品质建造服务做到极致。"

**提升客服礼仪　打造高品质服务软实力**

2016年，在物业服务方面，正商物业和职业技术培训学校联合，建立战略合作伙伴关系，邀请专业讲师定期为物业客服人员授课，宣讲专业服务知识和技能，提高员工职业素养，重点从客服礼仪、保安礼仪、保洁礼仪等层面着手，打造物业"科技控"品牌服务形象，对维修技术人员进行专业培训和指导，例如电梯停运，水电气暖损坏维修，房屋漏水，外立面贴片老化脱落，生活配套破损整改等，充分考虑业主生活的安全舒适性，从根本上解决问题，杜绝治标不治本，让业主放心、省心、安心。

与世界物业管理"五大行"达成战略合作伙伴关系，聘请全球三大研究集团之一益普索开展满意度调查；延长400客服系统坐席驻场时间，做到365天全年无休；实行区域客服负责制，为区域客服统一配备手机，全天候开机，让沟通更顺畅；引进一碑科技、明源软件，整合原有400客服中心系统、远程视频监控安防系统、承接查验移动售楼系统，大力提高维修反应速度。简化维修流程，提高维修效率，提升业主满意度。据统计，2015年正商物业解决业主报修的各类问题达5000余项，老社区配套改造维修耗资1000余万元。

**大环境治理战略 构建高品质配套样板生活**

优化社区基础建设，完善城市功能配套，营造生态舒适社区环境，是打造城市高品质社区"硬实力"的必要途径。社区环境的好坏不仅代表着城市居民生活质量的高低，更关乎一个城市形象的优劣。

2016年，正商地产策动配套高品质服务战略，紧跟政府城市大配套建设步伐，旗下岭军峪、张定邦、红河左岸、智慧城、公主湖、双湖湾、善水上镜、兴汉花园等高端住宅项目紧紧围绕这一战略目标，把周边大配套环境建设作为产品高品质建造和物业高品质服务的重要支撑。

由各片区公司作为第一负责人，抽调各部门专业人才组建大环境配套中心，提前与政府职能部门如发改委、市政局、建委、财政局、电业局、环保局、教育局、热力公司、自来水公司、电力公司、通信公司、天然气公司等做好对接和沟通，对在建项目所在区域的市政道路、管网、消防系统、地下水管道等大环境配套建设进行有效规划并提前立项，协助政府快速推进城市基础设施建设，提升城市区域建设的功能化投资环境，为正商地产所属社区的高品质建造和高品质服务奠定坚实基础。

据悉，正商智慧城已在春节前与新郑市政府达成共识，提前对项目所在区域的市政道路及管网、地下水管道等进行了规划和治理，还与新郑市教育体育局、郑州外国语学校（集团）签订协议，引进郑州外国语学校，落实其教育地产的标配。

刊载于2016年3月2日《大河报》

# "三高"品质定制生活新标准

● 李飞

**核心提示**：2015 年春节年会，正商地产董事长张敬国带领正商全体员工在新春年会上郑重宣誓：正商地产坚定不移地实施以打造产品品质和服务品质为基础的品牌战略，提升品质不讲成本。在公司形成一种品质至上的文化，形成一种人人追求高品质，人人建造高品质，人人服务高品质的氛围。同时，正商要求所有的合作团队也一定是追求高品质的团队，所有合作团队在正商项目工作的人也要像正商人一样追求品质。一场高品质生活风暴成为2016 年郑州人幸福生活指数的核心标准。

## "三高"品质社区引领郑州人高性价比生活

2016 年正商提出"三高"建设——建造高品质、配套高品质、服务高品质战略。做优质工程，树品牌形象，高标准严要求，用品质社区改变郑州人品质生活。

走进正商社区，首先映入眼帘的就是绿树成荫的道路和生机盎然的草地，每一栋楼都掩映在树影婆娑之中，园区内中央水景、儿童乐园、老年广场错落有致，安排合理，带给每一位业主极佳的视野景观和居住舒适度。在房屋的建构方面，正商社区从一室到多室，每个户型都是设计师精心设计而成，每一个户型都方正大气格局分明，室内功能区域合理划分，室内安排南北通透，明朗舒适，最大限度考虑通风采光等，为业主提供了性价比最高的住宅空间。

在周边生活基础配套方面，更是为居民提供高质量便民服务，社区建造前，先和市教育局、市政工程、城市建设等各个方面协调好，打造优质社区配套环境。更加注重物业服务细节，为每一位业主提供贴心服务，物业工作人员、社区保安、社区清洁人员统一着装。

在物业管理服务方面，引进现代城市社区管理理念，采用管家式服务，为业主提供点对点社区服务，统一安保巡逻、卫生清洁、车辆管理、社区绿化养护等。社区采用智能安防，对各入口以及电梯进行 24 小时监控，还设置楼宇可视对讲系统、周界防御报警系统。这些服务都是将正商宣言高品质落到实处的重要体现。从这些也可以看出正商地产真正打造高品质社区，改变郑州人幸福品质生活的坚定决心。

**高品质建设推动城市杠杆集约化发展**

我国在城市功能形态升级转型过程中，要求城市建造实现多功能转型，社区涉及公共基础设施建设管理，以及与文化、教育、卫生、医疗、养老等模块的资源整合与平台对接等方方面面。正商地产正是在城市多功能转型大趋势下，建设高品质社区，在提升居民品质生活的同时，带动城市多功能转型，对于促进郑州经济发展、社会稳定，加快推进全域城市化具有重要意义。正商地产全员在总体规划要求下，高标准、高质量地全面加快高品质社区的建设，打造环境优美、功能完善、服务设施齐全的一流社区，推动城市杠杆集约化发展。

随着城市经济持续增长，人们生活水平逐步提高，人们住房观念和住房需求发生重大转变，住房需求逐步由基本需求型向品质型转变。正商地产不断满足用户需求，提出高品质建造，从 2016 年开始，全员上上下下全力打造高品质理念，每一项工作、每一个客户、每一个承诺都需要每一位正商人坚定不移地去完成，积极树立品质观念，全员为实现高品质战略目标而努力，让正商地产成为中国房地产企业高品质建造标杆。🔧

刊载于 2016 年 3 月 30 日《大河报》

# "善水上境"引领龙湖高端生活

● 殷淑娟

**核心提示**：2016 年郑州土地"首拍"，正商获取"双料"地王，据悉，河南正商置业有限公司（简称正商）作为河南省房地产行业龙头企业，以 18.9 亿元斩获郑政东出〔2015〕12 号地，同时刷新郑州市新年第一拍"总价地王"及"单价地王"，折合楼面价 1.10648 万元／平方米，单价 1844.107 万元／亩，成为郑东新区龙湖区域高端住宅市场一颗耀眼的明珠，引发业界广泛关注。

## "双料"地王驱动郑州龙湖区域价值飙升

2016 年年初，正商地产率先发力，以 18.9 亿元斩获郑政东出〔2015〕12 号地，刷新郑州市新年第一拍"总价地王"及"单价地王"，折合楼面价 1.10648 万元／平方米，单价 1844.107 万元／亩，完成郑州土地首拍，并成"双料"地王，为河南乃至全国瞩目的郑东新区龙湖区域高端住宅注入了强劲活力，为本土房地产商参与全国市场品牌竞争开了一个好头，这不仅预示着正商地产的资金支付实力已经跨入到全国性品牌营销战略发展阶段，更以首拍"双料"地王的品牌形象引领河南房企领先地位。

同时，地王扎堆，大腕云集，实力房企相得益彰，相映生辉，相生共荣，必将为"天生富贵"的郑东新区龙湖区域赋予新的市场张力。其中以正商首拍"双料"地王命名的"善水上境"基地西依平安大道，为连通郑东新区 CBD 中心与龙子湖高校园区的主要通道；南接亚洲规模最大高铁站郑州东站；北侧及东侧为三环环城快速路；基地与省政府家属院隔河相望，择水而居，东风渠和熊耳河两条河流天然汇聚，地理位置可谓上风上水。

如果说龙湖区域是河南 1 亿人共同仰慕的"龙眼"的话，那么正商"善水上境"高端住宅项目可誉为这千年"龙眼"中熠熠生辉的"龙珠"，其地形宛如一只翩翩欲飞的蝴蝶，在层林尽染、碧波荡漾、清澈见底的水岸河道上轻盈地飞翔。"善水上境"项目匠心独具的独特魅力将为更多慕名而来的高端人群提供一处稀缺人居生态乐园。

## "善水上境"开启河南高端住宅领袖生活

据悉，春节前夕，土地竞拍刚落槌，正商地产董事长张敬国即亲自挂帅，召集公司技术中心、运营中心、营销中心、景观配套中心、招采成本中心等部门第一负责人组成高级

"智囊团"，对该地块进行高端精准定位：包括项目命名、结构规划、景观配套、户型设计、销售服务等一系列客户敏感点进行精确预判和审议。

"善水上境"项目名称由正商地产董事长张敬国亲自命名，他认为居住上善的人，要像水一样，造福万物，滋养万物，传承人生修为的上乘美德。"善水"源于"上善若水"，出自老子《道德经》，喻示居住者能善言修行，与水相依，乐善好施，淡泊明志。

善水上境，"善"字引申为美好之意，寓意项目位居风水宝地，地理位置至善至美；"水"字喻示有情怀，良仕择水而居，水有七善，上善若水，亦如项目希望达成之目标；"上"即上品规划，择善地而无忧，汲取传统文化精髓，因地制宜，精雕细琢，营造现代社区典范；"境"即境界生活，物随景移，境由心转，现代生活与传统文化相互融合，为业主提供全新境界生活。

名牌、名品、名宅、名区域，随着更多国际一线房企大举进驻，郑东新区龙湖区域作为河南乃至中国高端住宅的烫金名片，必将会有一串串具有国际范儿的战略性思维脱颖而出。

这片由高端玩家共同契合的高端名品竞技场，也将以一种新的生活观念、新的生态格局、新的行业规范为郑州房地产市场带来新的市场发展机遇和挑战，输入新的市场活力。同时，龙湖区域将以一种矩阵引领并推动郑州楼市的整体改变，也为郑州人的幸福生活指数迎来更多期待和福祉。

刊载于 2016 年 4 月 13 日《大河报》

# 品质赢天下 信誉得人心

● 殷淑娟

**核心提示：**2016年郑州楼市大牌云集，国内一线房企纷纷进驻，争先抢滩郑州市场。但在这眼花缭乱的竞争背后，正商地产作为河南房地产行业的领跑者、中国房地产百强企业，始终坚持以客户服务为中心，专注精工产品设计，扎实做好社区服务，以"高品质"战略为核心，做房地产业高品质建设的践行者和引领者。

### 品质贯穿 引领潮流

在中国，一个房地产企业要想真正成为一个家喻户晓，受居民认知、信赖并口碑相传的百年品牌，关键要有自己的品牌思想。一个品牌想要让业主及社会长期认同和追随，品牌文化支撑是核心，只有把业主的"心"抓住，对业主怀揣敬畏，处处以业主满意为服务标准，企业才能基业长青，赢得社会的尊重和推崇。

对将高品质视为企业未来发展战略的正商地产来说，严格而有序的产品标准化流程是一大亮点。正商地产在项目的整体规划、设计、运营过程中，严格执行品质全方位监督机制，从前期项目的落定、规划、设计、开工、工程监督、基础设施配备，到后期社区绿化、物业服务等等，一切从品质着手。诚如正商物业客服人员所说，盖房子就像养孩子，首先要学会以用户思维，要考虑业主的需求和感受，建造房子要让自己先过责任和良心这一关，做到问心无愧，让业主真正放心、省心和安心。

正商不仅仅是建造居民可以买得起的房子，更是要让居民拥有更舒适的生活，要让居住在正商社区里的居民有荣耀感和归属感，要让社区居民选择正商，就是因为看中了正商的高品质。正商真正了解消费者买房子所关注的敏感点，真正走进业主的心里，想客户之所想，满足业主的潜在需求，这个企业给业主的不仅是房子，而是一种企业责任和承诺。一个企业获得长足发展的基础是要有根，有了根才会有"民心"，才能支撑企业枝繁叶茂，健康成长。对正商来说，就是践行"高品质"，坚持用高品质的服务为居民提供一个便捷、健康、舒适的居住环境。

### 打造细节 彰显品质

细节决定成败，正商地产把打造高品质建造和服务落实到每个楼盘建造过程中的每一个步骤和每一个点滴。在建筑工序上，采用了很多独特的建筑工艺。举个简单的例子，墙面抹灰要求施工队对整个内墙面实行两次抹灰成型，比以往的要多一道抹灰工序，并且增加了施工时间以及将近一倍的工程量，仅此一项将多耗费近一倍单项成本。但正商人觉得值得，而且舍得在细节上投入。在开发过程中，每一项建筑材料的选购和建筑工序都严格按标准执行。据正商楼盘项目负责人介绍，在建筑材料的选购上，都由专门的采购人员高标准严格采购。

在外墙涂料使用上，正商地产也采购高品质漆来进行外墙装饰，营造典雅自然、庄重和谐之美感；走进正商社区，每一处景观树木都做了精心的修剪，社区内景色宜人，在和煦的风中，感受到的是社区的舒适。不难看出，正商地产每一处细节都精益求精，用细节打造精品建筑，确保打造高品质社区，提升居民居住品质。

正商项目从开始至今已有多处楼盘，细节体现品质，每一次交房呈现给业主的都是一个个值得称道的细节。例如正商华钻交房，人们在现场看到，单元楼公共部分全部贴上墙砖，门厅大灯用的是高端吊灯，比之前的普通吸顶灯成本更高，更有视觉美感。

为了提升业主的居住舒适度，楼梯间公共区域全部使用品牌人体感应 LED 筒灯，每一盏成本 100 多元，而郑州其他小区大多使用普通感应灯等等，这些细节都折射出了正商对高品质的深刻领悟和极致追求。

刊载于 2016 年 5 月 11 日《大河报》

# 探秘正商

● 殷淑娟

核心提示：一直以来，房地产行业四处开疆拓土，独自鏖战，彼此缺少交流和学习，缺乏行业凝聚力，而聚焦一家企业，实地探访，探实效查成果，可以指出被访企业的不足以便改进，正商具有这样的魄力和格局。所谓行家看门道，相互遵循契约精神，组团参观各自从事的行业，能够直言不讳地提出"缺点"，取长补短，相互学习，增进友谊，这种活动尤为稀缺和可贵。

## 四连冠引来名企高管探秘

2016年5月17日，"正商省会地产四连冠，商会组织名企来探秘"活动在正商地产举办。

来自郑州一线房企的16家企业高管在河南省房地产商会统一组织下，先后对正商写字楼标杆项目建正东方中心，正商改善型社区代表铂钻，正商舒适型高端住宅项目"谷系列"代表产品红溪谷、红河谷等进行了零距离考察和高品质体验。

在正商红河谷会所举办的"省会地产名企高管眼中的正商品质精细化"座谈会上，各房企高管分别从不同角度畅谈了自己对建筑工艺的深刻理解和见解，并对正商建正东方中心、正商红溪谷、正商红河谷等项目及一线工作人员进行了深刻评价，纷纷对正商地产高品质战略取得的丰硕成果给予充分肯定和赞许，同时，对正商地产在建筑工艺过程中存在的"缺点"提出了诚恳建议。

在建正东方中心，房企探访团实地参观考察了建正东方中心精装样板间、中央空调配置室、智能控电装置室、物业服务中心、物业员工宿舍、综合商业配套、消防与智能安保中心、楼顶花园等。各位地产"行家"深深为建正东方中心精装写字楼的整体布局、相关参数标准、精细化产品的建造细节及销量遥遥领先高铁圈写字楼的独特卖点所震撼。

在正商红溪谷，干净整洁是高管们最直观的感受。园区内银杏、香樟等名贵树种随处可见，庭院式橱窗楼台错落有致，楼与楼之间的叠拼格局深入浅出，湛蓝色喷泉水景清澈见底，显得极有层次感；老人与孩子娱乐设施动静分离，约5公里长的环园区跑道延伸在茂密的树林深处，组团景观设计秩序井然，起伏的地势增加了居住者的舒适感。

在正商红河谷，房企高管深深为河南省最大规模的150亩湿地公园所吸引，并被红河谷设计独特的大平层、花园洋房及叠拼美墅花园式生活所陶醉。

据悉，本次探访团成员均来自房地产行业，且均为河南省知名地产一线房企高管，是一次主题鲜明、意义深远的行业性实地考察活动。

**22年坚守高品质服务成标杆**

与会嘉宾对2016年正商地产提出的高品质建造、高品质服务、高品质环境配套战略进行了深入了解。目睹了正商物业、工程建设、案场销售等一线员工热情向上的精神风貌，深刻体验了正商产品品质精细化的诸多细节，对正商地产扎实做事、务实服务、恪守契约精神褒奖有加。

经过22年的运营发展，正商地产深耕郑州，立足中原，布局全国，孜孜以求，销售业绩连续多次在郑州房地产市场排名第一，2015年销售额达133.89亿元，连夺郑州市商品住宅销售金额、销售面积、销售套数三冠王，全省地税纳税额179411.83万元。

2016年1～4月份，正商地产以总销额53亿元名列郑州楼市第一，销售总额连续四个月名列郑州房地产市场榜首，再次用数据为中原人民交上了满意答卷，赢得了10万户家庭、40万正商业主、合作伙伴、房地产同行及社会各界的广泛瞩目和深切关注。

作为一家有责任、有理想，长期坚守高品质服务的房地产区域龙头品牌，河南省房地产业商会会长单位，中国房地产百强企业，生于斯长于斯的正商地产对脚下的这片土地有着深厚的情感，对郑州的未来城市发展及区域经济规划具备深刻的市场领悟和独特预判。

多年来，秉承为优秀人群创造品质生活的企业使命，正商地产精雕细琢，精益求精，精益筑家，不断向国内一线品牌房企学习，向标杆同行学习，以客户需求为中心，提高客户满意度。

河南省房地产商会秘书长赵进京对此次活动成功举办表示肯定，他透露，接下来将有更多会员企业互访交流，真正让同行深入同行，学习别人的长处，提出自己的意见，深入交流，良好互动，为推动城市发展和改善人居环境共同努力。

刊载于2016年5月19日《大河报》

# 转变观念 成团队建设思想"利器"

● 殷淑娟

**核心提示**：领导者是一个团队建设的核心，团队领导者思维是企业成败、是否健康发展的关键，这也印证了团队建设中领导者的核心地位。从业务管理者向团队领导者转型，这是正商地产从战术性思维向战略性思维跨越的重要转变。

### 执行力是业务管理者向团队领导者转型的基石

拿破仑说：不想当将军的士兵不是好士兵。在现代企业管理中，如何从业务管理者向团队领导者转型，应该是每个企业家亟待解决的关键课题。

2016年6月4日下午，"转型执行力：从业务管理者向团队领导者转型"专业实战培训在正商总部开讲。一百多名经理级以上管理者及后备专业人才分组学习、体验、演练了一场生动的理论实践课。

该培训就如何完成团队管理者的角色定位，如何掌握管理者转型的专业技能；如何灵活运用好管理者转型的关键方法，学以致用，让业务管理者成功向团队领导者转型；如何提高工作效率，降低运营成本，明确做事结果；强化团队建设的核心价值，从战略层面量化执行力等问题，对正商管理者做了一场心灵"洗礼"。

在房地产行业跨界、转型、并购的新常态经济驱动下，正商地产二十年如一日地潜心坚守一个行业，做好一件事，以客户服务为中心，强化执行力，不断提高客户满意度，这种专业、务实的做事心态，折射出一个企业卧薪尝胆、天道酬勤的珍贵品格。

忠诚敬业，认真做事，对自己负责，这是做事的底线。敢于创新，对原有模式敢于动刀子，敢于向不利于企业组织发展的有害思想和行为提出挑战，以身作则，养成尊重和认可的良好习惯，这是企业"敢于担当，信守承诺，结果导向，永不言败"的进取精神，更是正商地产赋予管理者的信仰和使命。

不断提高个人专业技能，强化企业执行力，从战略思想高度体悟人与企业之间的发展关系和文化修养，不但要低头做事，还要抬头看路，以一种包容的胸怀和清醒的头脑走在整个行业的前列，这是企业前进的动力和基石。

**摆正心态是转型执行力的思维"利器"**

从业务管理者向团队领导者的角色转型,首先,要摆正自己的心态,在团队打造的不同阶段,管理者学会消除大公司的官僚化思想,要在团队成型期凝聚人心,在团队激化期让矛盾爆发出来,在团队稳定期教会团队危机意识。

不断完善企业积极向上的竞争心态,要在团队分化期能够把各种意见分歧、价值观分歧、内外环境分歧统一调配起来,要求团队领导者发挥表率作用,亲力亲为,不做甩手掌柜。

学会取长补短,用人所长,发挥骨干员工的主观能动性,让那些团队建设中的骨干力量真正从内心兴奋起来,进而激发他们前进的动力和勇气,把他们的潜质发挥到极致。

其次,就是采取团队激励的五大关键要素:即培养员工在团队建设中的成就感、被认可、明确其工作意义、树立强烈的责任心和分享成长的快乐。

这是业务管理者向团队领导者转型的一项非常重要的指标。把"要我做"变成"我要做",而不仅仅是为了企业的要求刻意执行,杜绝在业务管理者工作中的"劳动者"心理。

从业务管理者向团队领导者转型,这种思维的转变标志着正商地产对房地产行业整体流程的专业把握和清醒认知。团队领导者时时都面临决策问题,只有对自己所处的行业,所涉及的上下游业务有足够的认识和体悟,在危机面前才能沉稳应对和精准决策。

总之,大局观、前瞻性、风险控制意识、机会把握能力是其置身团队之中,思想在团队之外,能够审时度势,适时转变观念,做好整体团队建设的思想"利器"。

刊载于 2016 年 6 月 8 日《大河报》

# 完美生活，尽在正商

● 殷淑娟

**核心提示**：正商地产发展已经有24年的历史，24年，正商与郑州血脉相通、水乳交融、密不可分，成为郑州房地产开发行业的一面旗帜、一个标杆、一张名片。

在采访张总之前，跟正商人聊天，得知在正商建筑工地上，有两把利器：一把尺子与一柄锤子。尺子丈量施工者的良心，锤子专砸疏忽懈怠。

2016年6月20日，在正商总部，董事长张敬国接受大河楼市记者专访，共话当下火热的房地产市场。访谈的两个小时里，不管从施工现场的一砖一瓦到城市规划建设，还是从社区医疗到养老地产建设，张总娓娓道来，思路清晰，其眼界之开阔，战略之高远，不由令人心生赞叹。在整个访谈过程中，张总提到最多的字样是"高品质"——高品质建造、高品质服务、高品质配套。

**记者**：2012～2015年，正商地产连续四年销售总额在郑州市场排名第一。销售额占郑州主城区总销售额的10%左右，始终保持30%的高效益增长。2015年销售额达133.89亿元，连夺郑州市商品住宅销售金额、销售面积、销售套数"三冠王"。想问一下张总，正商快速发展的主要原因是什么？

**张敬国**：正商一直按市场规律和企业发展需要来决策，在发展过程中始终坚持为大多数人服务，针对不同时期的主流需求研发产品、提供服务，合规经营，并在这个过程中一贯强调品质，为客户提供超出预期的产品和服务。比如近几年，正商针对客户需求变化开发了以红河谷、玉兰谷、红溪谷等为代表的高端产品，并对改善型产品不断升级；针对郑州办公市场的需求，加大高端商务写字楼的开发比例，不断提升写字楼标准，开发了建正东方中心、四大铭筑、经开广场这些深受市场欢迎的产品。

**记者**：在目前河南房地产竞争加剧的情况下，2016年正商地产提出了高品质建造、高品质服务、高品质环境配套战略，请张总谈一下正商在竞争中的突出优势是什么？

**张敬国**：一个企业的快速发展，首先是产品和服务要得到客户的认可。一直以来，正商开发的产品满足了客户改善居住环境的需要，为主流消费阶层改善了居住环境，解决了"居者有其屋"的生活需求，圆了几十万人的"安居梦"，也与郑州这座城市血脉相通，水乳交融，结下了深厚的情谊。品质提升是客户的要求，也是房地产市场发展的必然趋势。顺应这个趋势，才能在竞争中立于不败之地。不断提升产品品质，包括工程的建造品质和后期的社区服务品质，提高客户满意度，企业的发展因此变得更加稳健和可持续。这是我们实施"高品质战略"的初衷。

要说优势，比较而言，正商对于房地产开发更加专注，因为专注并持之以恒所以也更加专业。我们一直坚持深耕郑州不动摇，坚持房地产开发这个核心不动摇。正商亲眼见证了郑州城市的发展和变迁，尤其对郑州城市的区位价值及市场发展前景具备前瞻性认知和精准预判，使我们的开发定位更加精准明确，速度更快，效率更高，投资失误更少。另一方面，正商坚持把"品质"放在企业发展的首位，把"服务"作为企业的精神信仰，产品和服务的升级让客户更满意，更信赖，获得了大量忠实客户，让企业的发展更具潜力。

在严苛的工艺标准之下，正商旗下社区宜人的景观、全方位的配套和舒适的环境成为一道靓丽的风景。

**记者：**2015 年以来，郑州房地产发展在全国二线城市里表现十分抢眼，房价一直上涨，地王频出，国内房地产龙头企业纷纷进驻……请张总谈谈郑州以及中原房地产发展走势和前景。另外，正商作为河南名企，有没有向全国扩张的计划？

**张敬国：**国内房地产龙头企业入驻中原，这恰恰说明郑州是值得投资的城市，大家对郑州的未来发展充满信心。国内领先企业纷纷进驻，这对本土的企业是更大的挑战，房企之间的合纵连横会更加活跃。

目前，郑州的房地产市场进入了群雄逐鹿、优胜劣汰的阶段。正商作为本土房企的代表，也感到了巨大的竞争压力。与其害怕狼来了，不如让自己变得更加强大，与狼共舞。正商没有松懈，也不畏惧，对竞争的态势保持着清醒的认识，也认真地做着准备。外来房企让我们感到压力，同时也给了我们一个近距离学习的机会。我们本着开放的态度欢迎知名房企的到来，向他们学习，也让我们的企业能够更加茁壮地成长。

实际上在 2010 年正商就制定了"立足郑州，城市聚焦"的发展战略，随后几年也在山东青岛、海南文昌及河南信阳、新乡、洛阳等市场有项目开发，并为今后的发展积累一些有益经验。未来正商将深耕郑州这片热土，坚守郑州这块阵地，提高专业度，锤炼核心竞争力，并在合适的时间有选择地进入一些一、二线城市。

**记者：**自从正商提出品质提升以来，我们确实看到正商项目在品质上发生的变化，可以说效果显著，能否介绍一下正商在品质建造上做了哪些工作？

**张敬国：**这些年，正商从管理团队、产品、物管服务方面进行了大量提升。从日本专门聘请技术人员，打造更专业的设计团队，精雕细琢，从设计源头进行产品升级。对于新建住宅项目，公司不再有档次上的差异，只有风格不同，如正商铂钻、书香华府、金域世家、智慧城等，设计和采购上均制定了很高的标准，引入智能化社区的理念，前期不设目标成本，做好为止。丰富产品线，打造高端住宅和高端商务写字楼，如正商红河谷拥有百亩湿地公园，社区内建有国际标准的网球场、游泳池、健身房等。

在社区服务上，针对社区内的儿童、老人等不同客户特点，划分特色活动区域，建造亲子活动区和社区文化活动中心，丰富业主的业余生活。正商的品质建设行动同样惠及老小区，对于已经交房数十年的老小区，正商花费百万进行绿化补栽、硬件升级等，让正商的老朋友依旧能享受正商的高品质建设，感受到正商的关怀。

正商目前的发展规模很大，有很多政府领导、合作伙伴、业主甚至是竞争对手对正商抱有很大的期望。正商深知肩负的责任，不会辜负广大朋友的期望，一定会在高品质建设的道路上砥砺前行，实现更多突破，打造更多精品项目。

刊载于 2016 年 6 月 22 日《大河报》

# "LEED" 为建正绿色办公"护航"

● 殷淑娟

**核心提示：** 2016 年 7 月 3 日上午，正商建正东方中心荣获美国绿色建筑，LEED 授牌仪式在建正东方中心隆重举行。郑州市房管局、河南省房地产协会、郑州市物业协会及美国绿色建筑协会运营官马晗、正商地产副总裁郭伟、河南兴业物业管理有限公司总经理朱杰等共同见证了这一重要时刻。

## 荣登河南行业榜首

经过 22 年的城市运营发展，正商地产先后在山东青岛，海南文昌，河南郑州、洛阳、信阳、新乡等城市成功开发项目近 60 个，产品定位形成了改善型、舒适型、商业写字楼三大系列，为 10 万户家庭，40 万业主实现了"居者有其屋"的生活梦想。

2012～2015 年，正商连续四年销售额、销售面积在郑州市场位居第一，2016 上半年销售额 102.47 亿元，全国房地产百强企业销售额排名第 70 位，销售面积 118.7 万平方米，排名第 39 位，荣登河南省房地产行业榜首。

2016 年，正商地产董事长张敬国提出高品质战略，坚持把高品质建设放在企业发展的首位，高品质服务作为企业的精神信仰，为客户提供超出预期的产品和服务，让客户更满意更信任，也赢得了政府、合作伙伴、业主及社会各界的广泛认同和信赖。

## 建正东方中心获美国 LEED 绿色建筑认证

此次建正东方中心美国 LEED 绿色建筑认证授牌仪式，充分体现正商实施高品质战略的远见，接轨国际商务写字楼水平，跨入绿色商务时代，在河南树立了一流的国际品质及绿色环保、高效节能的生态商务形象。

推行 LEED 建筑，除了大大改善环境质量之外，其卓越的能效设计及节能环保技术的运用，更能为企业和客户创造可观的商业效益，据国外相关研究数据显示，使用绿色建筑可降低 8% 的营运成本，物业价值提升 7.5%，投资回报率提高 6.6%，入住率提高 3.5%，租金增加 3%。

据悉，LEED 是一个国际性绿色建筑认证系统。LEED 主要为建筑及社区提供第三方认证，是建筑或社区在节能、节水、减少碳排放、提高室内环境品质评价的指标体系。目前在世界各国的各类建筑环保评估、绿色建筑评估以及建筑可持续性评估标准中被认为是最完善、最有影响力的绿色建筑评估标准，得到了世界建筑领域和主流绿色评估体系的认可和追随。

LEED 建筑认证成本平均可在 3 年内回收，建筑物营运费用平均降低 8% ～ 9%，建筑物价值平均增加 7.5%，建筑物平均节能 24% ～ 50%，碳排放平均降低 33% ～ 39%，用水量平均降低 40%，固体废弃物平均减量 70%，员工生产力平均提升 2% ～ 16% 等环保、节能优点。

建正东方中心于 2011 年采用国际绿色建筑标准设计和施工，拥有世界制冷技术应用领域的先导约克中央空调系统，外立面 LOW-E 玻璃幕墙，40 部德国进口蒂森克虏伯顶级电梯。注重提高资源利用率，减少碳排放，引用绿色设计和绿色施工理念，是河南省第一家精装交付的高端写字楼项目。

### "3e-CBD" 标准，打造郑州全新办公模式

该项目系正商地产首次运用"3e-CBD"高端写字楼物管服务理念，充分发挥 3e-CBD 中心商务区的服务标准：CBD，即区域商务中心或称中央商务区 ,3e 主要涵盖三个部分，即 electronic- 电子智能；ecological- 生态健康；excellent- 优质高端；这三大系统的写字楼结合周边住区、优质公寓、完善的市政和生活配套设施，实现 80% 以上的人徒步或乘用公共交通上下班，为整个郑州的写字楼市场带来一场全新办公体验，让"改善城市办公环境、打造半小时徒步上班工作圈"成为可能。

同时，建正东方中心依据绿色建筑标准化设计和施工，所有照明采用 BA 系统进行节能降耗，电机设施变频控制有效降低电能能耗，室外环境采用大面积景观绿化，注重地面景观和屋顶花园有机结合，通过座凳、铺装、标志、灯光组合营造整体简洁、局部精细的绿色办公休闲氛围；建造材料等硬件设施统一实行顶级设计。依托郑州新东站高铁商圈的商务辐射力及核心商圈的区位交通便捷优势，集中打造 5A 级绿色办公商务坐标体系。

建正东方中心全面引进全球五大行戴德梁行"智能控"全球化信息服务理念，精心打造项目的节能和用材质量，充分发挥硬件优势，利用互联网、大数据、智慧云、信息化等科技平台拓宽服务领域，给客户打造绿色低碳、健康舒适、开放共享的高品质绿色办公体验。

刊载于 2016 年 7 月 6 日《大河报》

# 正商敲钟纽交所 GMRE域外开花

● 殷淑娟

**核心提示：**百年纽交所，今朝迎正商。2016年7月22日21：30分，美国纽交所嘉宾云集，千人翘首，正商地产董事长张敬国按下上市启动键，台下一片欢呼雀跃，共同祝贺正商旗下GMRE公司登陆全球最大的证券交易所——纽约证券交易所，共同见证河南本土地产商成功对接美国资本市场的历史时刻。

北京时间2016年7月22日21:30（纽约时间22日9:30），郑州"四连冠"房企正商地产旗下GMRE公司在美国纽交所正式敲钟。

这是继2015年正商地产组建正恒国际控股公司登陆香港资本市场之后，正商再次对接美国资本市场。至此，正商已是拥有两家上市公司的郑州本土房地产开发企业。

正商地产，连续四年在郑州房地产市场排名第一，2016年上半年销售额102.47亿元，位列全国第68位，销售面积126万平方米，位列全国第39位，成为河南房地产行业首家半年度业绩冲入"百亿俱乐部"的本土房地产开发企业。

据了解，Global Medical RELTS Inc.（全球医疗房地产投资信托，简称GMRE），为正恒国际控股（香港主板上市，代号00185.HK）全资子公司，2016年6月29日成功登陆纽约证券交易所主板市场。截至2016年7月22日，公司已发行股本1500万，募集超过1.5亿美金，总市值超过1.7亿美金。

GMRE通过与医生集团协会、大型国立连锁医院、大型国立门诊企业、主要国立医院建设者及开发者合作，专注在美国主要城市从市场占有率领先的医疗护理运营商处收购核心医疗设施，并建立由专门治疗高度急性病症的医疗设施组成医疗房地产投资组合。其目前在美国成功收购七家医院，资产规模约1亿美元。

GMRE为美国马里兰州公司，主要从事收购持牌医疗设施房地产资产业务，专注在二级市场向市场占有率高的领先医疗营运商收购出租各项物业。GMRE由IAM管理及担任顾问。GMRE目前于美国的医疗保健设施包括位于八个州的12项设施，可租赁面积约为244.329平方尺，截至今年3月底已全部出租。

我们了解到，GMRE拥有世界上最具权威管理经验的高管团队。其公司董事、联席主席及总裁杰佛里·布什先生，持有纽约大学公共管理硕士学位及埃默里大学法律哲学博士学位，曾担任美国住房及城市发展部副部长及美国驻瑞士日内瓦联合国大使。既是开发商、经理人，又是投资者，拥有累计超过 20 年的房地产开发经验。

正恒国际控股在继续扩大 GMRE 的规模以持续增加管理收入的同时，还将具有丰富管理经验的团队引进到中国大陆，以发展高质量及国际化的医疗管理业务，对正商地产在国内市场的房地产开发业务高品质配套服务提供有力支撑。

据公告，正恒国际控股已制定三线发展策略，专注于房地产投资信托，包括：一、通过与美国投资及发展房地产投资信托建立产品组合；二、凭借直接管理该等房地产投资信托而产生经常性管理费；三、透过潜在上市筹集资金。

董事会认为，建议发售及上市转板将确保 GMRE 可涉足股本及债务资本市场之独立集资平台，使 GMRE 能够独立筹集资金，并通过策略支持其发展。

据悉，正商旗下的美国 GMRE 公司于 6 月 29 日（美国时间）在纽约证券交易所开始交易，高效运作，短时间内募集资金超过 1.5 亿美金，总市值超过 1.7 亿美金。正商地产兼正恒国际董事长张敬国在庆功宴上表示：正商地产在郑州苦练内功提升品质，走出国门后仍将牢记使命，为郑州，为河南，为中国争光。

刊载于 2016 年 7 月 28 日《大河报》

# 弯道超车 全球布局资产证券化

● 殷淑娟

**核心提示:** 2016 年 8 月 15 日,中国河南郑州永和铂爵维也纳厅,来自政界、商界、金融界、传媒界、经济专家学者、合作伙伴、国内一线品牌开发企业 20 强及 40 余家河南本土品牌房企、正商金牌业主等 500 余人汇聚一堂,高朋满座,聚焦正商集团,共同聆听中国最高智库现任副理事长,中共中央政策研究室原副主任,著名经济学家郑新立教授《中国经济转型升级的战略选择》讲座,共同见证和分享正商旗下美国 GMRE 公司纽交所上市汇报会暨正商善水上境发布会的盛况。深度体验正商集团对接美国资本市场,实现资产证券化的过程、意义和未来发展前景。

## 各界分享正商 GMRE 上市喜讯

2016 年 8 月 8 日,正商旗下 GMRE 公司美国纽交所上市新闻发布会在美盛喜来登举行,来自省会郑州 50 多家平面媒体、广播电视媒体、网络媒体和新媒体的负责人、财经和地产记者云集喜来登酒店,聚焦 6 月 29 日正商集团旗下美国 GMRE 公司成功登陆纽约证券交易所。这是正商继去年控股正恒国际控股公司、成功登陆香港资本市场之后,再度扬帆远航,成功登陆美国资本市场。

正商集团董事长张敬国首先向与会嘉宾致辞,在全球经济一体化的大背景下,在中原经济区、郑州航空港经济综合实验区、"一带一路"三大国家战略的政策东风劲推下,河南迎来了前所未有的发展良机。省委、省政府提出"买全球,卖全球",郑州正在打造内陆开放高地,建设国际新商都。正商作为土生土长的郑州本土企业,也积极响应省委、省政府的号召,立足郑州,拥抱世界,积极对接国际资本,参与全球经济竞争。基于此,正商于去年组建了正恒国际控股公司并登陆香港资本市场,今年,正商又成功登陆美国资本市场。正商不仅在中国香港和美国拥有两家上市公司,而且在资产证券化的实践和探索上先行一步,将为国内资产证券化提供有利经验。

对正商而言,更重要的是在实现企业使命——品质生活到永远,正商站在了新起点,迈出了新步伐。根据发展规划,GMRE 在美国发展的同时,将通过与国内相关机构的合作把美国的医疗团队、技术和经验引进来,服务国人。正商另一只养老基金也正筹备在美国上市,最终要将美国优质的医疗养老资源、技术、团队和管理经验源源不断地引入国内，尤其是输入郑州，让正商的业主，甚至郑州市民不出国门，不出郑州，同样可以享受世界一流水准的医疗养老配套和服务。

中共郑州市委常委、副市长薛云伟为此深受感动，他代表郑州市人民政府向与会嘉宾感言：这次盛会展现的不仅是一个企业的号召力，更重要的是代表这座城市的发展活力。正商地产上半年销售额超过100亿元，为郑州市的经济发展做出了重要贡献。

在中国房地产行业转型、升级、多元化发展的经济背景下，正商在思考，在转型，在创新，放眼国际市场，在一个开放的体系里立足地产开发，深耕郑州，走向全国，对接资本市场，引进创新人才，发展新的商业模式，取得了丰厚的回报。他不仅为郑州能够拥有像正商这样的优秀企业所取得成效和优秀企业家团队感到骄傲，为正商取得的成就表示祝贺。

同时，他对郑州市未来经济的发展充满信心，表示，一个人口红利、城市化的拓展，再加上加工贸易的方式，这一发展模式取得了非常丰厚的回报，对全世界贸易额的贡献也不可估量。

他说，20年前，人口红利像潮水一样向中国沿海城市涌过去，带动了沿海地区的产业增长。最近几年，沿海地区人口红利又像潮水一样退去，郑州作为一个有一亿人口大省的省会城市，看到另外一个现象，过去几年每年平均有30万+人口的增长量流入，这么一个巨大红利带动了郑州的城市化，带动了郑州的加工贸易和郑州的整体增长姿态，在这么一个传统的模式下，房地产板块作为经济发展的支柱性产业将迎来前所未有的机遇。

他要求正商，做好准备，以应对房地产业转型发展的压力考验，积极参与效率和品质的竞争，力争建更好的城市，造更有品质的房子，做更有价值的商品和更贴心的服务。

### 正商负责人剖析 GMRE 上市意义和影响

正商集团资本证券部总经理秦昱斐向与会嘉宾详细汇报了正商旗下 GMRE 上市的详细过程及深刻意义。她说，纽约时间7月22日上午9点30分，GMRE 敲钟上市。GMRE（全称 Global Medical REIT Inc. 全球医疗房地产投资信托），作为一个金融产品，主要是通过和美国的大型医院协会、大型连锁医院合作，收购优质的医院资产，将其出租给其他的优秀运营集团，通过收取租金和获得资本增值获利。

目前为止，GMRE 在德克萨斯、宾夕法尼亚、佛罗里达等七个州，拥有三家手术医院、一家康复医院、一家门诊医院、一家治疗医院、一家长期急症护理医院、一家眼科医院共八家医院，资产规模约1.05亿美元。

GMRE 具有经验非常丰富和专业的高管团队。其公司董事、联席主席及总裁杰佛里·布什先生，持有纽约大学公共管理硕士学位及埃默里大学法律哲学博士学位，曾担任美国住房及城市发展部副部长及美国驻瑞士日内瓦联合国大使，既是开发商、经理人，又是投资者，累计超过 20 年房地产经验。David Young 是 GMRE 的首席执行官，他曾经运作了两只医疗信托在纽交所上市。

GMRE 上市之后，总共发行 1500 万股，每股价格是 10 美金，总共发行了 1.5 亿美金，上市之后市值是 1.7 亿美金。截至 8 月 12 日，股价为 10.86 美元，已经有了一定的提升。其自 2014 年 7 月起保持每月向股东派付股息，年度回报率不低于 8%，高于市场平均水平。

秦总经理讲道，对于正商集团来说，我们控股的公司在纽交所上市，这说明正商已经迈向了国际化，开始与国际资本市场对接，并且也是正商探索和实践资产证券化迈出的实质性步伐，同时对于引进国外先进理念和技术，打造高品质地产都具有非常重要的意义。

同时，借助于 GMRE 在美国的丰富资源，联合美国大型医疗合作机构，把在美国合作的医疗、养老先进经验、先进技术引入国内，在国内拓展医疗和养老产业，首先在河南郑州先行，让业主、市民不出国门，不出郑州就能够享受到世界上一流的医疗、养老技术，通过对接美国资本市场反哺郑州市民，真正实现最终的企业使命——品质生活到永远！

### 从正商 GMRE 上市分析中国经济

随后，郑新立教授向与会嘉宾做了《中国经济转型升级的战略选择》专题讲座，就国民经济的运行区间及未来中国经济的选择、发展变化做了深刻解析。同时，针对正商集团 GMRE 在美国的医疗机构证券化，郑教授给予了高度评价和充分肯定，他说，正商集团 GMRE 上市把美国资本证券化，实际上就是弯道超车，正商能够把美国医疗机构的技术和运行机制、运行模式引进中国，引到郑州，引到河南来，以推动河南的医疗水平大幅度提高，提高业主及市民的高品质生活，这种创新模式值得我们研究和学习。

通过资产证券化把民间的资本引入，变成国有企业的资本金，既有利于国有企业搞产权国有化，又降低了国有企业的负债率，让它轻装上阵。所以，正商集团在美国运作资产证券化，然后再把模式复制到郑州，乃至在全国加以推广，这对解决目前我们企业债务率过高的问题是一个有效途径。郑教授站位高远，高瞻远瞩的经济论断及透彻解析在与会嘉宾中产生了巨大反响和深刻启发。

刊载于 2016 年 8 月 17 日《大河报》

正商 GMRE 公司美国纽交所上市

# 正商跨入"2.0"时代

●孙煊哲

核心提示：据克而瑞数据统计，2016 年 1 ～ 8 月份，正商地产总销售额 153.8 亿元，全国排名第 62 位，销售面积 175.8 万平方米，全国排名第 35 位，稳居河南第一，郑州第一。

世间自有公道，付出总有回报。一家自上而下以"勤奋敬业"为座右铭的企业；一家敢于向自己开刀，严抓建造高品质、服务高品质、环境配套高品质的企业；一家对已交房多年的老小区仍然持续投入大量资金，反哺式升级改造的企业……可能过程中有些许不完美，但它诚实守信、负责任、合规经营的企业形象已经深入人心，业绩就是最好的证明。

## 数据，见证成长

2016 年上半年，正商地产总销售额 102.47 亿元，同比增长 96.76%，销售面积 133.67 万平方米，同比增长 96.24%，其中在郑州主城区销售额为 65.77 亿元，占集团总销售额的 64.19%，占郑州市主城区销售额的 8.4%。

上半年交房项目 6 个，交房面积 66 万平方米，共 4085 户（含办公楼），新开工项目 7 个，建筑面积 149 万平方米，集团共纳税 12.61 亿元，同比增长 28.3%。

7 ～ 8 月份，郑州楼市房价持续攀升，可谓涨声一片，正商地产在郑州主城区的在售房源去化率 90% 以上，多处楼盘房源告急，一批一批新推售的房源一经上市即被抢购一空。以正商城为例，每平方米均价销售达 13000 元，购房者仍趋之若鹜。

正商中州城推售房源去化率 100%，每平方米均价达 12000 元以上，与其仅一桥之隔的正商华钻住宅也早在 2016 年 5 月份全部卖光。实际上，正商地产仅 7 ～ 8 两个月即以 51.33 亿元的销售业绩领跑郑州楼市，成为本土房地产行业销售额、销售面积不折不扣的"双料冠军"，销售总额稳居河南第一，郑州第一。

1 ～ 8 月份的郑州市主城区俨然成了来自全国四面八方购房者"抢房"的"主战场"，金九银十，九月第一周，主城区的销售热潮带动了郑州郊区楼盘的销售活力，以正商双湖湾为例，客户来电、来访量明显提高，慕名而来的购房者络绎不绝，以高品质水岸度假生活为主要消费需求，成为郑州市未来购房者的不二首选。

**品质，铸就成功**

围绕着"怎么让郑州人生活得更好"这个主题，2016 年，正商明确提出了打造"高品质"战略目标，要在大环境、大配套上下大功夫，实现创新突破。

依托优质河流资源，打造精细低密亲水住宅生活。数据显示，正商在建项目中，背靠"城市后花园"的正商玉兰谷容积率为 2.0，正商林语溪岸容积率为 2.0，拥有 150 亩河南最大湿地公园的正商红河谷容积率为 1.5，被双泊河前后环抱的正商公主湖容积率为 1.5，千亩大盘正商智慧城容积率为 2.5，由此，正商已悄然进入低密度产品"2.0"时代。

"依水而居"是未来居住者回归自然健康生活的根本需求，"精细低密"是人们对舒适型人居环境的标准定位，正商善水上境、正商智慧城、正商双湖湾、正商玉兰谷等精品楼盘依水而居，力争打造低密度高端水岸生活，成为本土房地产行业学习的样板。

社区周边配套与居民生活息息相关，围绕配套建设，正商坚持"样板示范区先行"，房子还没盖起来，周边的主题公园、公共道路、学校配套已经"看得见，摸得着"。

针对不同客户需求，正商打造出了专属的特色活动区，对老人活动区和儿童游玩区进行功能化分区，动静结合，既相互依存又自然过渡。对已交房的老社区，正商投入大量资金进行反哺升级改造，增设更多的生活配套，如直饮水设备、地下洗车场等，为客户提供超出预期的高品质生活服务。

正商地产的责任和担当，坚守"品质生活到永远"的企业使命，诚实守信，勤奋敬业，负责任，合规经营的企业核心价值，必将成为未来城市发展的源动力，正商品牌也将被越来越多的高品质生活者追随和信赖。

刊载于 2016 年 9 月 14 日《大河报》

# 打造品牌 仍需聚焦客户关系

● 孙煊哲

**核心提示：** 无论我们的工作有多少专业的标准进行衡量，都不会比客户的判断更权威；无论我们的工作有多少可圈可点之处，都不会比客户的认可更有力。我们要有敢于与客户共同面对问题的勇气，要有帮助客户彻底解决问题的决心，我们不能只停留在"以客户为导向"的口号上，每一个正商人应当把"客户意识、客户理念"落实到具体工作中。

失去了客户，就失去了市场；失去了市场，就失去了一切。2016年9月23日晚，由正商地产品牌总监赵东汉主讲的"打造品牌仍需聚焦客户关系"培训在正商地产总部举行。

**三个关键词：品牌、客户关系、口碑**

纵观中国房地产业，仍然固守着"高周转、标准化、加杠杆、高激励、打鸡血"的玩法，固执近乎偏激地走着一条看似平坦但十分危险的狭窄小道。

对业绩"地王"热追，对客户缺乏应有的激情，对消费者而言，一套房子往往消费十几年、几十年不变，户型单一的销售模式已成为房地产行业未来发展的瓶颈。

房地产近20年的市场化进程，一直缺乏真正"痛"的领悟，缺乏"华为的冬天"的自省，这一方面与开发商自身眼光有关，另一个时代大背景是——行业总是在寒冬还没来临时，就被恐慌性的"政策托市"。

无论是2008年4万亿救市，还是2014年"去库存利好"，货币宽松、政策红利……导致一个本来需要自我净化、优胜劣汰、痛定思变的行业，失去了冬练三九的考验，失去了对产品、对服务变革创新、匠心打磨的动力……最终一些服务差劲的、普通的产品也很好地活了下来。

中国经济发展增速缓慢，是因为不开放，制度不开放，资源也就无法开放，比如水、电、气、暖、土地资源、矿藏资源等大部分还都控制在国企手里，民营企业无法参与市场化经营，大量资源受国家制度所限，不能参与国际资本化市场竞争，也制约着中国经济的快速发展。

说到客户关系，先从三个词说起、品牌、客户关系，口碑，这三个词有一个共同点，就是都有一个"口"字，说明口碑传播是造就客户关系的核心价值点。口碑，就是消费者（客户）对企业的产品及服务的评价。

　　为什么要关注客户关系？马歇尔·菲尔特（1834—1906）于19世纪中后期首先提出了"顾客就是上帝"这一营销理念。"客户是上帝"意思是说销售必须为客户提供满意周到的服务，让客户从心理上获得切实愉悦的消费体验。

　　在销售过程中，客户出于自身利益的考虑，可能会提出一些不合理的要求。面对这些不合理要求，销售员一定要学会勇敢地对客户说"不"。但是在拒绝客户的时候应该委婉一些，不要伤了和气，为以后的合作留有余地。

### 尊重客户，是赢得客户认可的品牌利器

　　人世间最真诚、最无私的爱就是父母给予孩子的爱，对父母的尊重、孝敬，不仅是一个人有教养、有品质的表现，更是中华民族的传统美德。

　　对客户，我们应该坚持这种信仰和信念。王宝强离婚事件，一夜之间成为数百万网民的关注焦点，可见，一个负面传播往往比一个正面传播要快百倍、千倍、万倍。口碑传播掌握着一个企业品牌的生死命脉。

　　开发一个新客户的成本是维持一个老客户的5~6倍，而流失一个老客户的损失，只有争取10倍的新客户才能弥补。开发一个新客户可能要花费10000元，而失去一个客户可能仅需1分钟。

### 关注客户关系，关键是要关注客户的真实需求

　　案例1：诺基亚，成立于1865年，1960年开始进入电子通信领域；1982年，诺基亚（当时叫Mobira）生产了第一台北欧移动电话网移动电话Senator；此后诺基亚手机曾连续15年占据全球手机市场份额第一的位置。

　　但是，诺基亚从移动行业的霸主到贱卖自己，从巅峰时期的市值2600亿美元跌至72亿元，只用了4年时间。

　　案例2：柯达公司，成立于1880年，世界上第一家发明并生产数码相机的企业，最终因缺乏对客户消费体验的研究而破产。

　　案例3：英国有一年老的富豪卖别墅。一位年轻人为何能以1000欧元买到这位老人的别墅？究其原因，原来年轻人购买老人别墅的条件是让老人仍然住在他的别墅里，他要陪伴老人慢慢变老，让老人看着他娶妻生子，体味生活的温暖和快乐。这个案例说明老人要的不是钱，而是关爱和陪伴，是一种亲情般的尊重和呵护。

　　可见，了解客户需求是多么重要。客户的心理通常希望被尊重，希望被理解，希望与

类似的人交往，我们要学会解惑客户的痛点，要学会在客户每一个环节的体验点上下功夫。主要把握两个"度"，即态度和速度，态度是应对客户投诉的耐心和信心；速度是要为客户及时解决问题，及时打开客户的心结，获得客户的理解和认可，让客户满意并真实感受到你是在为他认真解决问题。

　　水能载舟，亦能覆舟。打造品牌，仍然要聚焦客户关系，重视客户的口碑传播，让品牌价值深入人心，永不褪色，让口碑传播永葆青春和活力。只有让客户获得货真价实的品质体验，提高产品溢价才不是一句空话。

刊载于 2016 年 9 月 28 日《大河报》

# 对接全球资本，正商多元化、国际化发展

● 王亚平

**核心提示：** 正商 2016 年表现颇为抢镜，先是在上半年交出了百亿销售额的成绩单，首开郑州房企半年期"百亿俱乐部"先河；后又成功对接美国资本市场，成为拥有两家上市公司的郑州本土地产商；如今，北龙湖地王项目善水上境精工雕琢的细节品质又一次获得业内一致肯定。

## 【销量】稳居河南第一，正商践行高品质战略目标

2016 年上半场，正商交上了销售面积 126 万平方米，成交金额 102.47 亿元的高分答卷，高居河南第一，首开中原地产界半年销售业绩百亿元先河。

据克而瑞数据统计，今年 1～8 月份，正商地产总销售额 153.8 亿元，全国排名第 62 位，销售面积 175.8 万平方米，全国排名第 35 位，稳居河南第一，郑州第一。

以正商目前在郑州在建、在售项目的总量、体量来衡量，说其是郑州最有规模的房企一点都不为过。

无论是主城区的东西南北中，还是城市的四面八方，但凡有房地产项目的区域，都有正商项目拔地而起。在郑州，不是你本人住在正商的项目中，就是你的家人、你的朋友、你的同事住在正商的小区里。在郑州，买房首选正商，总有一个项目、一种户型适合你，已成为一种共识。在赶集网等平台，同一个区域中，正商项目的业主体验感受普遍较好。

正商 24 年坚持品质地产发展战略，联合全国著名的规划设计单位、总承包施工单位、建材生产企业为战略合作伙伴，奠定建造优质物业的基础。专注社区环境改善，全面提升人居生活品质，始终把以人为本作为房地产开发的出发点和落脚点。

2016 年，正商还明确提出了打造"高品质"战略目标，要在"大环境大配套"上下大功夫实现创新突破。正商地产依托优质河流资源，打造精细低密亲水住宅生活。

据报道，正商在建地产中，背靠"城市后花园"的正商玉兰谷容积率为 2.0，正商林语溪岸容积率为 2.0，拥有 150 亩河南最大湿地公园的正商红河谷容积率为 1.5，被双泊河前后环抱的正商公主湖容积率为 1.5，千亩大盘正商智慧城容积率为 2.5，由此，正商已悄然

进入低密度产品"2.0"时代。

**【借力】对接全球资本，布局健康医疗养老产业**

继 2015 年组建正恒国际控股公司登陆香港资本市场之后，正商又于 2016 年成功对接美国资本市场。6 月 29 日，正商集团旗下的美国 GMRE 公司在纽约证券交易所开盘上市，并于 7 月 22 日在纽交所敲响上市钟声。

自此，正商已在中国香港和美国纽交所拥有两家上市公司，这是正商迈向国际化、证券化、品质化"三化"一体的战略发展开端。

GMRE 的全称是 Global Medical Reit Inc. 意为全球医疗房地产投资信托，是正恒国际子公司。GMRE 上市公司公告显示，GMRE 通过与美国医生集团协会、大型国立连锁医院、大型国立门诊企业、部分国立医院建设者及开发者合作，专注在美国重点城市从市场占有率领先的医疗护理运营商处收购核心医疗护理设施，并通过这些专门治疗高度急性病症的医疗设施形成医疗房地产投资组合。

正商集团董事长张敬国表示："在全球经济一体化的大背景下，在中原经济区、郑州航空港经济综合实验区、一带一路三大国家战略的强力助推下，河南迎来了前所未有的发展良机。此次上市，是正商搭建国际化融资平台，实现自身国际化、证券化的良好开端，将为国内资产证券化提供有益经验，为实现国内真正的资产证券化提供良好的借鉴意义，同时也是正商在健康医疗领域的新探索、新起点。"

健康养老产业已经被定为未来重要的支柱产业，在房企谋求深度转型的当下，正商此举显然在布局健康医疗产业和养老产业上先行一步，占得了先机。正商庞大的社区资源也是其布局大健康产业最具竞争力的优势。

据张敬国透露，计划用 3 年左右的时间将另一支养老基金筹备上市，公司的终极目标和追求是，不仅努力让美国的医疗团队、医疗资源在国内的一线城市诸如北京、上海落地，还要在郑州植根，使之进入正商开发建设的社区，让正商的业主不出国门、不出郑州，在自家门口就可以享受国际一流水准的医养资源和服务，为正商的配套品质注入新鲜血液和活力。

**【突破】操盘地王站位高端，国际视野尽显**

立足中原、布局全国，在河南郑州、洛阳、信阳、新乡以及山东青岛、海南文昌等地设有分公司并运作项目，作为全国性品牌房企，在快速成长的同时，始终如一地践行和承担着社会责任，并始终秉承着"客户服务终身制"的服务理念，做对客户负责的责任房企。

凭借在河南的领导地位和品牌知名度，2012～2014年连续3年销售业绩在郑州排名第一。2014年被评为"中国房地产百强企业"，名列百强排行榜第54位，同时荣获"稳健性TOP10"企业。

正商地产建立于1995年，历经了24年的快速发展，已经成为集房地产开发、工程建设、物业服务、酒店管理、医院管理、投资和信托基金管理于一体的跨国企业集团。从2013年吹响品质提升的号角，再到2016年正商旗下美国GMRE全球医疗信托基金在纽交所成功上市，正商地产的实力在不断壮大，发展日益多元和国际化。

如今的正商更在不断突破自我，2016年郑州开年"第一拍"，正商拿下龙湖地块，成为当时的双料地王，北龙湖地王项目无一不在考量着操盘者的能力和情怀。

正商深谙中国人特有的院落情节，善水上境项目融合自身居住形态，在社区内部打造新中式庭院。据悉，在张敬国的带动下，组成了高级"智囊团"，出征北上广豪宅……经过数十轮推翻与再造，最终完成对该地块的精准定位，包括项目命名、结构规划、景观配套、户型设计、销售服务等多个环节。依照古时官邸结构，组成多重院落渐进空间，公园礼赞、礼仪入口、风雨连廊、景观花园、礼序大堂、电梯入户，六重归家礼序，让每一次回家都充满着微妙的仪式感。

不管是投入大量资金对老社区进行反哺升级改造，还是操盘地王项目站位高端，正商在坚持品质地产的发展战略推动下，为河南房企树起了范例。

刊载于2016年10月21日《大河报》

# 地产"奥斯卡"为城市代言

● 孙煊哲

**核心提示:** 2016年11月23日,正商建正东方中心荣获第七届素有中国房地产业"奥斯卡"美誉之称的"广厦奖",再次被业界瞩目。

这是继2010年正商地产的品质升级之作"蓝钻"项目作为该年度河南省唯一住宅类单项获此殊荣之后,"正商建正东方中心"作为非住宅类项目再次荣登中国建筑界顶级大奖殿堂。

## 【登高谋远】引领商务新高度

2016年11月23日,第七届(2015~2016年度)中国广厦奖颁奖大会在北京新疆大厦隆重举行。当天,在被誉为"房地产奥斯卡"的广厦奖颁奖盛典中,正商地产申报的"正商建正东方中心"项目脱颖而出,荣获第七届(2015~2016年度)中国房地产"广厦奖"。据悉,"广厦奖"与建筑工程界的"鲁班奖"、建筑设计界"梁思成奖"、土木工程界"詹天佑奖"齐名。

这是继2010年正商地产的品质升级之作"蓝钻"项目作为该年度河南省唯一住宅类单项获此殊荣之后,"正商建正东方中心"作为非住宅类项目获得"广厦奖"并再次荣登中国建筑界顶级大奖殿堂。

据了解,本次"广厦奖"全国入围项目共91个,正商建正东方中心作为非住宅类项目获此殊荣,意味着正商建正东方中心在规划设计、主体施工、园林建设、装修装饰、物业服务等各项评比指标中均达到国家一级建筑水平,同时,也标志着正商地产(集团)在住宅类和高端写字楼类开发领域均具备国家级建筑标准。

## 【精品意识】打造一流商务旗舰

据悉,正商建正东方中心于2011年采用国际绿色建筑标准设计和施工,拥有世界制冷技术应用领域的先导约克中央空调系统,外立面LOW-E玻璃幕墙,40部德国进口蒂森克虏伯顶级电梯。注重提高资源利用率,减少碳排放,引用绿色设计和绿色施工理念,是河南省第一家精装交付的高端写字楼项目。

项目所有照明采用BA系统进行节能降耗,电机设施变频控制有效降低电能能耗,室外环境采用大面积景观绿化，注重地面景观和屋顶花园有机结合，通过坐凳、铺装、标志、灯光组合营造整体简洁、局部精细的绿色办公休闲氛围。

该项目系正商地产首次运用"3e-CBD"高端写字楼物管服务理念，项目结合周边住区、优质公寓、完善的市政和生活配套设施，实现 80% 以上的人徒步或乘用公共交通上下班，为整个郑州的写字楼市场带来一场全新办公体验，让"改善城市办公环境、打造半小时徒步上班工作圈"成为可能。

据悉，位于郑州市高铁区域的建正东方中心，不仅是高铁区域最早交付、出租率最高、租金收益领涨区域的全精装写字楼群、更因其获得国际绿色建筑 LEED 认证、引入国际五大行备受各界瞩目。

【服务至上】带动行业新发展

值得一提的是，随着正商建正东方中心项目获得"广厦奖"，兴业物联作为正商地产旗下的非住宅物管服务商，对河南物业管理市场必将起到积极带动作用。

兴业物联秉承真诚、专业、进取的理念，准确地把握市场方向，为客户提供最专业化的物业管理服务，自创立以来，在业内赢得了良好的声誉。

在物业管理市场深化发展的今天，兴业物联在多方面取得的成就，也在另一个层面带动物业管理市场的未来发展和创新。

设立广厦奖的初衷，是为了引导建筑更美好。而正商的初衷，则是为了让郑州人生活得更好。正商建正东方中心的获奖，能为河南房地产市场起到积极带动作用。而数年来追求高品质、实施高品质战略，努力蝶变的正商，也将鼓舞和推动未来市场对高端产品的认知和购买需求。希望越来越多的房企，能够为城市代言，成为郑州城市发展史上的标签。

刊载于 2016 年 11 月 29 日《大河报》

# 在"细"与"大"之间提升品质

● 孙煊哲

**核心提示：** 春耕、夏耘、秋收、冬藏。一年之计在于春。2017年农历正月初五（2月1日），春节刚过，很多人还沉醉在鸡年的年味中时，正商各个项目部已全员到岗，检查工地，组织会议安排节后开工事宜，确保各项施工节点按时保质保量完成。初六（2月2日），正商地产各个售楼中心全员到岗，与春节期间值班的队伍会合，确保销售接待正常进行。

"知己知彼，百战不殆。"2017年2月3日，正商所有管理层组成若干小组，深入郑州各区域前二十强（包括异地或本土一线品牌项目）优秀地产项目及本公司所开发在建项目、已交房小区进行考察、调研和学习交流，并按照工程和物业两部分汇总，组织全员进行研讨报告，确保正商高品质实施战略保持领先。

**【细】坚守工匠精神，精工打造正商"品质"**

2017年，撸起袖子加油干，正商地产董事长张敬国要求全员必须脚踏实地，一步一个脚印，坚定高品质建造、高品质服务、高品质环境配套的战略实施目标，把超前的设计、高标准的用材、过硬的工程质量、完善的环境配套、精益求精的服务作为全公司所有上岗人员的使命和职责，以必胜的决心和信心，赢得客户的信赖和认同，共同实现正商梦。

细节决定成败。正商地产一切从产品施工细节出发，从供应商供货源头抓起，严格控制招标流程，一丝一毫都不放过。提高供应商合作门槛，坚决与国内排名前列的品牌供应商合作，严控质量关，真材实料，提高品质，不计成本，在建筑材料上不打半点折扣。

在产品质量和物业服务细节上下大功夫，以更加舒适的人居环境配套和户型设计、施工标准满足客户的高品质生活需求，提高客户满意度。

在工程施工方面，正商地产更加专注于科技化、智能造高品质施工流程，重点发挥本土地产品牌行业建筑专利"交底卡"的科学应用及施工特长，从图纸规划、设计标准层面融入更加优质、更具有国际范儿的居住理念及设计风格，力争让"正商制造"的品牌价值更上一层楼。

**【大】拓展区域规模，提高正商"品质"服务高度**

在营销手段方面，对各个案场的工作人员进行了统一调整，针对不同项目在不同区域的品牌价值定位，对所属项目的销售团队进行更加严格的培训；严控客户签约流程，对各案场营销行文上报制度做了统一标准化升级管理，明确责任人和流程动态，办理时间及节点；做好销售案场的系统化分工，一切从精准服务客户细节出发，提高案场客服人员的接待水平，尤其提高案场工作人员对所属项目的品牌文化认知和区位价值理解，加大各案场暖场活动的举办次数和公益内容，杜绝口头承诺。

项目拓展方面，加大区域规模的延展深度和高度，以产品"归零"的心态从城市空间角度提升正商地产第一品牌建筑群特色，以繁荣郑州大都市建设为建筑维度。东边，以2016年郑州首拍地王高端水岸住宅项目正商善水上境、正商四大铭筑、正商书香铭筑、正商滨河铭筑、正商经开广场、正商双湖湾为主，打造郑东新区CBD、龙子湖商圈及经开区自贸中心核心商务、人居建筑群；南边，以正商红河谷、正商红溪谷、正商智慧城、正商红河左岸为主，打造南龙湖新区宜居教育城书香人居建筑群；西边，以正商金域世家、正商花语里为主，打造主城区成熟生活样板建筑群；北边，以正商河峪洲、正商海德华庭、正商伍月画苑、正商玉兰谷、正商兴汉花园、正商林语溪岸为主，打造黄河绿色生态走廊宜居建筑群。

同时，在郑州周边直辖市（县）区以"美丽乡村建设试点村"为城区拓展开发源头，预计在巩义、登封等市区打造规模化旅游地产特色小镇项目，实现居住与文化旅游的有机结合，优化郑州市城乡一体化旅游产业布局，对郑州市全域旅游、城乡统筹战略的实施发挥重要示范带动作用。

刊载于 2017 年 2 月 15 日《大河报》

# 匠心筑梦：一场对话世界的房企实践

● 王亚平

**核心提示：** 最早确立成熟的产品体系，连年销售额稳居河南第一，成功对接国际资本市场……深耕郑州 23 年来，正商踏下的每一个坚实足印都推动着这座城市的城镇化进程和人居水平的提升，甚至成为最具鲜明标识的城市符号，与郑州相融相生。

**【产品与数据】连续五年销售额郑州排名第一**

在河南，与正商同步成立的房企大都名噪一时，历经沉淀如今依然能够引领置业风向的却寥寥。

尤其是近两年房地产市场跌宕起伏，土地的狂热和千亿房企的大幅扩容让市场成为大象之间的游戏。企业能够取得怎样的成绩，全凭布局、开发品质、资本实力和服务体系。

先来看一组数据：

2017 年 12 月 31 日晚上，在正商地产总部四楼举行了"2017 年度业绩发布会"，正商地产董事长张敬国宣布：全年销售额为 261.2 亿元。这一数据也是本土房企截至目前创造的最高值。

回顾过去几年，本土房企销售数据领军者也一直由正商担当。

据报道，2012 ～ 2015 年连续 4 年销售业绩在郑州排名第一。2014 年被评为"中国房地产百强企业"，名列百强排行榜第 54 位，同时荣获"稳健性 TOP10"企业。始终保持 30% 的高效益增长。

坊间有句话足以证明正商对郑州的人居影响有多大：在郑州，如果你没有住在正商社区，那你一定有亲戚朋友住在正商社区。

从较早规划设计出适宜中产家庭保障居住的"港湾系列"，以满足改善型住房需求、注重业主现代情调生活的"钻系列"，以及发掘欧洲中世纪风情小镇的生活内涵，以稀缺生态资源彰显地中海异域生活的高端宜居社区"谷系列"，一直到如今商业写字楼项目全面推向市场，正商地产形成了改善型、舒适型及商业写字楼产品系列，几乎涵盖了房地产市场的全线产品。

之所以能一直保持领先地位，关键在于正商一开始就着眼品牌体系建设打造产品线研究。从国内住宅产品来看，一线房企基本都确立了明确的产品线，并通过标准化产品线复制开发，万科、恒大无不如此。

**【前瞻与反思】为郑州站位，深耕潜力区域**

一个企业的生存、发展和壮大，很大程度上取决于企业是否有前瞻和反思的能力。

细看正商产品的布局，就能发现其对郑州市场发展的全局观和区域潜力的深度透视。位于高铁片区的建正东方中心已形成了成熟的商务圈；落子龙子湖的正商书香华府产品价值早已实现翻番；今年正商住宅产品的重头戏正商海德花园位于宜居北区的新中心，周边品牌大盘云集；郑新快速路的正商智慧城占据南城核心位置又主打智慧社区；正商经开广场距中大门河南省保税体验中心仅一路之隔，位于自贸区核心，无疑将成为新的商务封面……

放眼城市未来，能够率先看到一个区域的潜力是正商发展多年来早已练就的本领。从最初的剑走偏锋带动郑州东南片区崛起，到布局全城核心板块，正商总能发现市场的新蓝海。在赶集网等平台记者看到，正商社区物业价值较周边同区域楼盘都偏高，令诸多业主受益于产品溢价。

不止如此，其更能够居安思危，以面向未来的气魄，投身到品质提升的战役中。

正商地产董事长张敬国曾说：品质是企业赖以生存和发展的根本、命脉、基石，是企业存在的理由。一个不注重品质提升的企业，是无源之水、无本之木，注定没有未来。

近几年，正商对旗下入住小区进行了全方位提升，比如，实施封闭化管理、打造电子围栏系统、强化便民服务配套等。一位家住正商明钻的业主表示，正商就像一个大家庭，不仅每逢节日都举办丰富的社区活动，品质不断提升后带来的舒居感受也更为强烈。

如今，在荣获美国绿色建筑LEED认证和荣获第七届（2015～2016年度）中国房地产"广厦奖"的建正东方中心写字楼中，河南圆方物业管理有限公司、河南易居房地产顾问有限公司、平高集团国际工程有限公司、河南省朝阳建筑设计有限公司、未来口腔等多家大型公司在此安家，良好的商务氛围促进了企业快速发展。

**【多元与开拓】弯道超车，迈向国际化、资产化、品质化**

在很多企业还在为单个楼盘产品如何营销时，正商凭借庞大的用户体系早已走出了销售困局，几日前正商城加推房源，当天销控表显示去化率100%。

伴随着郑州城市化进程的加快，正商也步入了新的战略发展阶段。

继 2015 年组建正恒国际控股公司登陆香港资本市场之后,正商又于 2016 年成功对接美国资本市场。2016 年 6 月 29 日,正商集团旗下的美国 GMRE 公司在纽约证券交易所开盘上市,并于 7 月 22 日在纽交所敲响上市钟声。

自此,正商已在中国香港和美国纽交所拥有两家上市公司,这是正商迈向国际化、资产化、品质化"三化"一体的战略发展开端。

GMRE 的全称是 Global Medical Reit Inc,意为全球医疗房地产投资信托,是正恒国际子公司。GMRE 上市公司公告显示,GMRE 通过与美国医生集团协会、大型国立连锁医院、大型国立门诊企业、部分国立医院建设者及开发者合作,专注在美国重点城市从市场占有率领先的医疗护理运营商处收购核心医疗护理设施,并通过这些专门治疗高度急性病症的医疗设施,形成医疗房地产投资组合。

健康养老产业已经被定为未来重要的支柱产业,在房企谋求深度转型的当下,正商此举显然在布局健康医疗产业和养老产业上先行一步,占得了先机。正商庞大的社区资源也是其布局大健康产业最具竞争力的优势。

作为领军房企,正商成功搭建国际化融资平台,为中原崛起背景下更多快速发展的企业提供了良好的借鉴意义。

**【格局与活力】 创新突破,给中原企业提供更好的借鉴**

作为中部发展的佼佼者,郑州正在建设国家中心城市,郑州新型城镇化正在国家中心城市建设的统揽下向着新的高度进发。

企业就像城市的血液,具备怎样的创新力则决定着一个企业的活力。

瞄准快速发展的郑州改善型需求的增多,2016 年正商提出了打造"高品质"战略目标,在"大环境大配套"上下大功夫实现创新突破。

位于龙子湖的正商书香华府社区疏朗、开阔,是正商高品质的代表作,背依贾鲁河,而未来的贾鲁河不仅传承商都历史风土,更将成为时尚休闲的滨水度假区。

北龙湖的地王项目善水上镜则是郑州布局高端的转型之作,项目深谙中国人特有的院落情节,在社区内部打造新中式庭院。从细节出发,比如打造项目后花园,营造善水人的富氧生活场所;而高层 7.5 米的宽敞横厅设计,让居者在家中即可纵享大河美景。

我们来到城市,是为了追寻更好的生活。而你选择一个有责任和担当的房企,理所当然会回馈舒适的居住享受。

正商书香华府实景图

比如，当你有重要事情脱不开身，在社区 APP 上输入一卡通代码，一会儿新鲜的蔬菜就被物业人员送上门来了。一卡在手即可全面实现家具设备控制、一键缴费家庭医疗、门禁 PAD、一键缴费家庭安防监控及报警等。

这就是正商在向多项目构建的笑脸智慧社区，所有信息功能通过智能社区魔屏总入口集中进入业主日常生活消费终端。

据张敬国透露，计划用 3 年左右的时间将另一支养老基金筹备上市。这意味着正商也将越来越多的医疗、养老资源和技术引入国内，植根郑州，使之进入正商开发建设的社区。

善以正行，商以载道。在河南五大战略、中央"一带一路"的战略背景驱动和指引下，正商为城市站位，正商地产作为河南企业的一面旗帜有力推动了人居发展，甚至在新的一轮城市热潮中，找到一套更加系统综合、与城市发展功能需求紧密结合、科学而又行之有效的发展模式，既反哺中原，又以国际化视野开启崭新格局。

刊载于 2017 年 3 月 9 日《大河报》

# 苦练内功 传承工匠精神

● 孙煊哲

**核心提示**：从 2016 年底，中央多次强调"房子是用来住的"之定位，让老百姓住得安逸、舒适、方便，建设高品质产品成为责任房企所追求的目标，而正商则是其中的佼佼者。正商地产董事长张敬国把高品质放在企业发展的首位，当成关乎生存和发展的根本问题来看待，"高品质不是权宜之计，而是百年大计"。

以国内一线标杆品牌企业为榜样，狠抓产品质量，深练内功，不折不扣地把品牌作为企业的生命，践行社会责任，正商地产作为河南房地产行业的领跑者，正以必胜的决心和信心，脚踏实地，逐渐进入全国房地产瞩目的"第一方阵"品牌序列。

正商的品质，不仅仅渗透在产品里，而是由内到外所折射出的一种企业精神气质。从2016 年正商的种种重磅力作，就可看到正商的高品质发展之路。

## 【百舸争流】品质就是责任担当

2012～2016 年，连续五年正商地产总销售额在省内房地产行业名列前茅，销售额是正商地产销售业绩的体现，某种程度上，也是 50 万业主对正商品牌的认可。而在房地产从卖方市场进入买方市场的当下，消费需求及业主对生活品质追求的逐渐提高，房地产行业也进入了"品质竞争"白热化时代。

"品质就是信誉，就是实力，就是责任，就是担当。"河南商业经济学会会长宋向清认为，"赋予品质再多的属性似乎都不为过，因此，品质对于房企而言，就是市场的得与失，好则得，多得、大得、久得，得缸满盆溢；差则失，多失、大失、久失，失得一无所有。"

每天清晨，正商人上班前都要默念一件事，那就是今天我要给正商的居住者在品质上出上一份力；对于正商工程和营销人员而言，更要时刻记着一件事，那就是能让消费者自觉掏钱的动力是什么，是高品质。

什么是高品质？在正商人看来，高品质就是超前的设计、高标准的用材、过硬的工程质量、完善的配套设施以及精益求精的服务。这些指标不达标，就不可能得到客户的认可和追随，就一定会被市场淘汰。

正商地产董事长张敬国认为："品质不单单是品牌问题，更是关乎公司生存和发展的问题，高品质不是权宜之计，而是百年大计。"

在正商地产董事长张敬国看来，品质，就是建筑的生命，是企业的生存之本。

郑州市场，定位为国家中心城市，有一个亿的河南人口作为腹地，过去5年，郑州净流入人口达185万，比深圳仅少1万人，在全国各大城市中排名第七，经济指数和消费能力已名列三四线城市榜首，正与国内一线城市看齐，随着沿海经济向内陆经济聚集的速度逐步加快，以郑州为龙头的中原经济区，必将成为催生中国新一轮城镇化经济的核心驱动力，而高品质则是未来企业基业常青、持续增加内生动力的源泉。

**【上下同欲】发扬工匠精神**

实际上，从公司成立之初正商就一直强调品质，从最初的"正商地产品质体验"到2009年的"品质生活到永远"，再到如今的高品质战略，正商始终把品质作为企业必须坚守的理念之一。

"在品质和品牌问题上，我本人一直是高度重视并且充满危机感的，尤其是近几年，从内心上我是把这项工作放在非常重要的位置上，也投入了很多精力，公司也投入了很多财力。"张敬国指出，以后要在正商形成一种品质至上的文化，高标准严要求，每一个员工都要对品质有敬畏感；要在公司营造一种人人追求高品质，人人建造高品质，人人服务高品质的工作氛围；要使有损公司品质和品牌形象的行为在公司就像过街老鼠一样人人喊打，对影响公司品质和品牌形象的人要严厉处罚，要赔偿损失、扣发奖金、降薪降职，直至辞退。

同时，正商要求所有的合作团队也一定是追求高品质的团队，对所有合作团队在正商工作的人也要像正商人一样追求品质。一定要使正商的品质达到客户满意，社会认可，口碑相传。

张敬国强调，高品质没有例外，越是刚需越要高品质，安置区也要跟商品房一样一个标准；高品质没有上限，要向国际领先水平看齐；高品质没有时限，要长期坚持，毫不动摇；"上下同欲者胜"，高品质没有界限，每一个正商人都要有工匠精神，只有每个人都把自己的工作做到最好，公司整个品质才会有彻底的升华。"公司已经到了必须在高品质建设上脱胎换骨的时候，如果员工思想不改变，能力不提升，跟不上公司的发展步伐，就只能被公司淘汰。"

**【精益求精】全方位夯实高品质**

正商人认为，设计是高品质的源头，在前期规划时要提高社区配套标准，像菜市场、便利店、健身跑道、会所、瑜伽室、健身房、网球馆、游泳池、阅览室等等都要考虑到位。今后产品将分为品质和高端两个系列，品质系列要高出市场上的同类产品，达到国内先进水平，高端产品达到国内领先和国际先进水平。

在用料方面，正商要求招采部门一定要把品质放在第一位，要以品质为中心，不论是刚需还是改善，用材标准都要高起来。通过考察、总结、梳理和评价，逐步建立正商的供应商数据库，提高准入门槛。

在工程施工方面，正商更加专注于科技化、智能造高品质施工流程，重点发挥本土地产品牌行业建筑专利"交底卡"的科学应用及施工特长，从图纸规划、设计标准层面融入更加优质、更具有国际范儿的居住理念及设计风格，力争让"正商制造"的品牌价值更上一层楼。

在配套方面，正商要求提前规划并建设样板生活体验区，要与社区所属的周边城市公共配套紧密结合在一起，争取为政府占位，要满足未来区域城市功能化发展的根本需求，包括社区所在区域的市政道路、管网铺设及宾馆、酒店、图书馆、影剧院、大型商业街等。今后正商小区里必须配有餐饮、小超市、诊所、公共卫生间等；有吃的、有玩的、有适合老年人和小孩活动的场地；有娱乐、健身和读书的地方。

值得一提的是，正商已跟省实验小学达成合作，每年将有一所省实验小学入驻正商项目。

刊载于 2017 年 5 月 10 日《大河报》

# 桃李不言 下自成蹊

● 孙煊哲

**核心提示：**2017年5月3日凌晨，郑州限购令升级，从限购、限贷、限价，到限售、限离、限签，郑州成为全国首批"6限"城市。一时间"楼市将进入寒冬"的声音甚嚣尘上。对于限购城市的、刚需刚改一族来说，面对"仅有一次的购房机会"和"可能不会再买二套房的实际考量"，选房变得更加重要。由此，郑州各大售楼中心成为争夺客户的第一战场。消费者对楼盘各方面的服务和品质越来越关注、对服务更加挑剔。那么，郑州的售楼中心服务如何呢？近日，记者走进了正商地产的售楼中心进行探访。

**夜晚探访案场 见证正商服务的高标准**

立夏当天，记者驱车来到位于郑州市南龙湖的正商智慧城售楼中心，以一名购房者的身份进行探访。

晚上7时50分，天气已经渐暗，从郑新快速路拐入售楼中心的路口，车水马龙，依然热闹非凡，一名身姿笔挺、衣着礼服的礼兵兀自岿然不动。见记者车辆开进，他用军礼向我们致敬，并用标准的手势指引来车前往停车区。

在另一名礼兵的辅助下，记者顺利把车停好。这名礼兵礼貌地帮忙拉开车门，一句"您好，下车请当心，欢迎来到正商智慧城"话语不多，但很暖心。随后在他的带领下，我们穿过一条绿意盎然的走廊，来到售楼中心门前，一名客服人员和一名礼兵弯腰欢迎。

进入售楼中心，挑高的大堂、铺满石材的墙面，可谓富丽堂皇、美轮美奂。一名正在站牌的置业顾问接待了我们，她身着清爽工装、略施淡妆、面带微笑，盘起的头发显得干练利落，再加上温柔的声音，让人感觉轻松、自然。

与此同时，一名客服推着一辆水吧车走来，礼貌地问我们需要什么茶水。记者看到，在这个不大的小车里，绿茶、柠檬茶、栀子茶、菊花茶等一应俱全。一杯栀子茶递来，并不烫手，入口温度适宜，这让开了一路车的我们备感欣喜。

没了口干舌燥，心情顿感愉悦，细心听置业顾问讲解项目。这名置业顾问逻辑清晰，很能抓住重点：3000亩大盘、全省销量销售额冠军、三河交汇、签约郑州外国语小学加外国语中学、5大主题公园、双气社区……这一系列紧抓购房者眼球的亮点被她一一点出，这种润物细无声的讲解，让记者有了强烈的代入感。

随后，我们来到洽谈休息区继续了解项目，一名客服细心地发现我们杯中茶水所剩不多，贴心地询问是否需要续杯，我们点头同意。不一会儿，另一名客服步态优美地走了过来，然后采取蹲姿，一脚在前，一脚在后，上体正直，左手托盘，右手上茶，姿态优雅端庄，最后不忘道一声"您好，杯子已消毒，请放心使用"。

**耐心加细心 正商不怠慢每一个客户**

在细聊期间，接待记者的置业顾问接到一个电话，是一名购房者指名前来找她，不到半小时就达成了成交意向。"这么快就卖出了一套房？"我们很是惊讶。但听完她的解释后，我们才由惊讶变为叹服。

事情是这样的，在当天上午，售楼部有一名衣着普通、头发花白的老者在沙盘前叫住了这名置业顾问，要求详细介绍项目。"这名老人可能跟其他人一起进来的，不然不可能没有人接待。按平时的经验，这么大年纪的老人购买能力有限，成交希望不大。"但是她依然耐心地接待了这位老人。最后，老人说回去跟儿子商量一下再说，她很自然地掏出一张名片，说以后如果有需求，可以随时打电话。"老人走后，我认为这就是一次普通的购房咨询，也没有太在意，没想到下午他儿子真的来了，而且还成交了。"

记者了解到，这名置业顾问名叫李淑洁，去年共卖出300多套房子，是智慧城的销售冠军。谈及销售的秘诀时，她说："对顾客，要一视同仁，不能有偏见；遇到刁钻顾客不要心急，要耐心引导；要把每一个顾客当成自己的朋友一样来看待，有的顾客甚至会主动帮我卖房子，我的超过80%业绩都是'老带新'顾客。"

这件事或许只是偶然，记者又来到在位于惠济区江山路与开元路附近的正商家河家售楼中心，所有的礼兵和客服服务都跟智慧城同一标准，甚至有过之而无不及。一样的耐心、贴心。这里的装修同样豪华，工作人员称，为给客户呈现完美纯粹的英伦生活体验，项目领导层多轮讨论，不惜重金调整、更换案场包装。在这里，女生可以免费修甲，下午茶、甜点无限量供应，夜晚还将连续进行音乐烧烤派对……随时随地让顾客享受管家式贴心细腻又精致的服务。

天生不凡，必然惊艳。家河家项目虽没有过多推广，但依然受到追捧。"生态北城、万亩黄河湿地公园、豪华精装修、地铁2号线举步即达、惠济万达5分钟驱车之遥……"这些均是家河家的名片。以前总是听正商人说品质，这次记者通过售楼中心实际体验，真真正正地感受到了正商的高品质服务。

**案场服务 无硝烟的服务竞争**

从某种程度上来讲，产品和品质可以眼见为实，但是服务却很难做到量化。当前房市的主要矛盾已不是客户的购房需求和市场供给量之间的矛盾，而是客户日益提高的品质诉求和房企服务意识脱节之间的矛盾。能否做好服务，能否多于客户预期，将是房企"基业长青"的制胜关键。

说到品质，售楼中心服务是很重要的一环，由于是第一次接触，服务品质的好与坏，直接影响购房者对房企的评价。对此，正商对其销售团队进行更加严格的专业销售说辞、礼仪接待培训，严控客户签约流程，对各案场营销行文上报制度做了统一标准化升级管理，一切从精准服务客户细节出发，提高案场客服人员的接待水平，杜绝口头承诺。

"作为房企销售的最前端，营销就是接触客户的第一窗口，它扮演了特种部队的角色，看似不起眼的案场服务，实则折射出企业的战斗力，也同样代表着企业的品牌窗口。"采访中，正商地产营销中心总监郭丽敏如是说。桃李不言，下自成蹊，此次暗访正商案场的实际结果，让记者找到了正商旗下楼盘受到社会认可的原因。

刊载于 2017 年 5 月 10 日《大河报》

正商智慧城实景图

# 梦中的养生"花园"

● 孙煊哲

**核心提示**：郑州，国家中心城市定位尘埃落定，城市风貌及建筑配套日新月异，地铁、高架桥、高铁站、机场及自贸区、航空港区等国际化大都市的功能标配正生根发芽，竞相绽放，助推郑州经济腾飞并发生翻天覆地的变化。

区域城市经济快速增长，推动居民生活条件不断提高，人们对居住环境和房子品质的要求也越来越高，除了建筑质量和物业服务，小区配套日益受到关注，交通、医疗、教育、景观、购物等配套设施成为人们定义高品质生活的价值标准。随着郑州主城区的商业氛围越来越密集，市场外溢成为购房者的消费趋势和根本需求。有人认为，郊区居住交通不便、环境较差、生活配套跟不上，事实真的如此吗？近日，记者以正商地产的部分项目为例，连续走访其南区、北区等相关楼盘，详细摸底其配套设施。

## 南区：闹中取静生活怡然自乐

郑州主城区限购后，南龙湖一度成为置业者的首选之地，作为郑州实力较强的开发商，正商地产在此地早早布局了红河谷、智慧城等耳熟能详的楼盘。

记者沿着京广快速一路向南，过了绕城高速再往前行500米就到了正商红河谷，开车不过十多分钟，红河谷景观生活区门口就是地铁2号线的沙窝李站。

一进入红河谷，地中海风情让人眼前一亮，一排排西班牙式的建筑，让人有种置身于欧洲小镇的错觉。小区由双拼、联排别墅、花园洋房以及大平层、高层等多种物业形态构成。"结庐在人境，而无车马喧。"项目采用人车分离式的管理，加上精致密集的景观设计，走在蜿蜒的小路上，完全听不到外面的喧嚣，让人内心一下子平静了起来。

小区呈东高西低走势，落差有几十米，加上高低不等的建筑分布得错落有致，让整个小区看起来层峦叠嶂。穿过一条餐饮、购物、娱乐等一体化的商业风情街，就到了一栋四层高的会所中心，目前已经有黄金时代健身俱乐部入驻。此外，小区内配建有幼儿园和小学，目前已经开始招生。而红河谷的配套亮点远不止这些，其依河而建的上百亩湿地公园才是神来之笔。谷底小路两旁触手可及的茂密植被经过设计师的精心雕琢，精致雅观，这里的植被大多是原生态，甚至有野鸭在河中嬉戏。

在这私家公园之中，还"藏"有一处具有国际标准的大型网球场，共7个场地，业主可以尽情享受运动带来的快乐。让记者感到幸运的是，采访期间，正逢2017美国Celsius摄氏网球学院教练员及选手训练推广活动在正商红河谷国际网球运动中心举行。由国际知名教练摄氏网院院长Cary和学院总监Rene亲自执教，院长Cary曾获得全美网球单打金牌。一周培训时间他们为来自全国的教练员和青少年选手带来了最先进的教学理念和系统权威的网球教学体系。

除了红河谷，正商地产在南龙湖的另外一个项目智慧城也备受瞩目。作为去年的销售热盘，坐拥3000亩地的智慧城优势凸显。除了交通便利、双气接入，其他的亮点有必要单独点出：首先是教育配套，园区内配建5座幼儿园，签约郑州外国语小学、中学，成为南龙湖区域内少有的真正教育大盘；其次是商业配套，据工作人员介绍，项目规划有8万平方米的商业配套，整合餐饮、购物、娱乐于一体，让业主足不出户就能享受到生活的便利；再次，景观配套也是亮点，南水北调运河、十七里河、十八里河三河汇聚于此，除了天然水系，智慧城还为业主规划了植物园、采摘园、体育公园、滨水公园、生态教育园5大主题公园。"周末约上三五好友来这里度假再美不过了。"一名业主称。

### 北区：深居一隅私密养生"花园"

说到北区，已经交房近两年的正商玉兰谷不得不提。若不是亲眼所见，在郑州的西北角，北四环与北五环之间，记者根本不会想到还会有这么一处秘境所在。

玉兰谷总面积为270亩，容积率低到1.49，加上也是人车分流管理，这就意味着社区内可以把大量的土地用于景观布置，事实上确实如此。在项目中间，索须河的支流张牛支沟穿流而过，这条原本无人治理的小河沟被正商打理成了一处精美的景观，非小区业主也可以在此散步赏景。

进入小区内部，一如漫步植物园，到处都是绿植，玉兰、桂花、红枫、石楠、银杏……可用浓密来形容。小桥流水、水榭亭台，可谓一步一景。在观赏间，不时冒出一些景观小品，让人欣喜连连。曲径通幽处，雾森系统的配备，顿时雾锁烟迷，仿佛置身于仙境。

在这个花园式小区内，有一些便利店、卫生服务站，还有几处健身场所和儿童乐园。据工作人员介绍，小区内配有幼儿园，今年或将招生，旁边还有绿源实验小学。

据悉，与其毗邻的正商家河家英伦风情高端墅级样板生活区，汇聚国际名牌，目前正紧锣密鼓地建设。其斥巨资打造的英伦风情购物街尽情演绎英国皇家生活品质，与正商另一处即将入市的园林庭院河峪洲相得益彰，洋房与高层错落有致，相互掩映，新亚洲建筑与豪华立体园林完美围合情景庭院，传承中式建筑的文化根性，融入运河人文元素，共享黄河绿色走廊生态带，堪称万亩豪宅经典。

**要求：配套要提前规划建设**

经过走访调查，记者发现正商地产在高品质配套的造诣已经走在一流行列，特别是景观设计建造之精美竟至于斯。

实际上，自创立之初提出"正商地产品质体验"到2009年的"品质生活到永远"，再到如今的高品质战略，正商从未忘记"品质"这颗初心。

从2013年开始，着眼于客户对生活品质要求的不断提高，正商开始了品质提升行动。2016年，正商把高品质提升到"三化一体"的战略高度，坚持把高品质建造、高品质服务、高品质配套放到企业发展的首位。

"配套要前置，既要提前规划，也要提前建设。"正商地产董事长张敬国先生要求，正商的小区里基本配套必须配有餐饮、小超市、诊所、公共卫生间，有适合老年人和小孩活动的场地，要有娱乐、健身和读书的地方。物业用房和会所要提前建好，务必为业主提供简单、便捷的高品质生活服务。

一些近郊项目，在大配套不是太完善的情况下，张敬国先生要求公司要提前修建大型超市等生活配套设施，包括一些名校的引进。他透露，正商地产跟省实验小学合作，今后每年可以有一所省实验小学的指标入驻正商的项目。

"配套对生活非常重要，这不只是居住的问题，更重要的是一个区域，甚至一座城市赢得品牌声誉的问题，要让业主住得安逸、舒适、方便，这是我们配套高品质的目标和努力的方向。"张敬国先生告诫员工。

刊载于2017年6月2日《大河报》

# 不忘初心 方得始终

● 孙煊哲

**核心提示：**在河南，有这么一家房企，20余年来开发项目多达60多个、总建筑面积2200多万平方米、入住10余万户家庭、业主人数迄今已达到50余万人，它就是正商地产。采访中，记者了解到，不仅在选材、建造方面要求高品质，正商甚至还花费千万元对其已经交付的老社区进行改造。"品质生活到永远"对正商来说，不仅仅是一句口号，更是在一丝不苟地实践着。

## 精益求精 严控招采质量

正商地产一切从产品施工细节出发，严格控制招投标流程，提高供应商合作门槛，坚决与品牌商家合作，严控质量关，不计成本，在建筑材料上不打半点折扣。

以善水上境为例，为了达到高标准要求，正商配备了来自瑞士劳芬、德国博世、德国汉斯格雅、美国霍尼韦尔、日本大金等超过9个国家、20多个各领域的国际顶尖品牌。其中，来自意大利顶级品牌迪瑞的入户门整体造价十几万；三个卫生间花洒全部配备德国汉斯格雅，每套价值4万元；还有七八万一套的瑞士劳芬一体式智能马桶。

"招采是高品质的基础，一定要把品质放在第一位，要以品质为中心，做就做到最好。"正商地产董事长张敬国先生时常告诫员工。

通过考察、总结、梳理和评价，逐步建立正商的供应商数据库，提高准入门槛。"以后就是装修个鸡窝，也要是上市公司来做，不要小队伍来干，"张敬国董事长在正商地产2016年工作总结暨2017年工作部署报告中的讲话至今听起来仍振聋发聩。

## 精益筑家 弘扬匠人精神

正商人明白，高品质最终需要由"施工"来实现。在工程施工方面，正商地产重点发挥本土地产品牌行业建筑专利"交底卡"的科学应用及施工特长。为此，记者特地考察了几个项目的施工现场。

在善水上境项目门口，首先映入眼帘的是标准化设置的大门，人车分离，工人进出采用实名制门禁系统，安全规范。大门处设置远程扬尘监控系统，对现场扬尘情况实时监控，同时配备汽车冲洗设备在通往楼体的主干道上，两侧设置的喷淋系统随时可以加湿降尘。

在正商城施工现场,楼体外架防护采用的钢板网让人耳目一新,具有不燃、抗冲击能力强、烤漆工艺色泽好等优点。据悉,正商要求今年新开工项目必须采用这种钢板网。

在智慧城项目中,记者看到其主体结构支模中使用钢包木代替传统木枋作为模板背楞,承载压力大、平整度好,受力均匀,能有效提高混凝土结构成型质量;而剪力墙支模使用角钢压脚板,可有效防止模板底部涨模、漏浆。

在红河谷四期施工现场,记者看到喷浆均匀、平整,踢脚线顺直,墙面观感好,线盒方正一致……此外,楼梯采用封闭支模、构造柱中预埋PVC套管、对拉螺栓孔采用发泡胶封堵……无不体现正商的高品质建造要求。

据悉,为保证施工工程质量,正商建立和贯彻施工标准化,每一道工序都严格按照标准化模板的操作流程进行施工。这是正商追求建造高品质的有力举措,也是建立标准化的有益尝试。

**不忘初心　重金改造小区**

正商发展23年,有的小区已经交房近20年,风吹日晒难免会有老旧,个别小区需要及时整改。对此,正商不忘初心、没有推诿和懈怠,组织快速维修队24小时待命,发现问题及时抢修和整改,随时为客户解决问题。2013年以来,正商专门成立了一个班子进行排查。

记者了解到,截至目前,正商已投入千万元资金,对已交付的老小区进行"反哺式"改造升级,与此同时,正商更斥重金对部分已交付和新交付社区的地下停车场进行改造、提升。如此种种,无不体现正商践行"品质生活到永远"的企业宣言。

品质是企业赖以生存和发展的根本、命脉、基石,是企业存在的理由。一个不注重品质提升的企业,是无源之水、无本之木,注定没有未来。通过探访正商的工地,记者明白为什么有这么多业主愿意追随正商,也明白为什么正商能成为河南地产界的中流砥柱。

刊载于2017年5月24日《大河报》

# 兴业物联跨入"百强"俱乐部

●孙煊哲

**核心提示：**2017 年 6 月 16 日，由中国指数研究院主办的"2017 中国物业服务百强企业研究成果发布会暨第十届中国物业服务百强企业家峰会"在北京隆重举行。正商地产旗下的兴业物联凭借自身过硬的综合实力和竞争力、优质的物业服务和创新的管理模式等综合考评，从千余家同行中脱颖而出，一跃进入服务百强企业，荣获"2017 中国物业服务百强企业"称号。据悉，同样是正商地产旗下的正商物业，去年也获此殊荣，跻身全国 50 强，位列第 47 位。

## 专注非住宅高端物业服务

兴业物联是经中国住房和城乡建设部审核批准的物业服务一级资质企业，致力于高端写字楼专业管理，努力为优秀企业提供高品质的物业服务。

兴业物联成立 18 年以来，一直坚持"真诚、专业、进取"的服务理念，秉承"以客户为中心，以服务为己任"的指导思想，通过对客户一系列的贴心服务，努力打造"兴业物联"品牌价值。

在新经济时代下，兴业物联逐渐从管理物业转变为经营物业，以服务为核心，以转变为驱动力，开始规范化、专业化、职业化的全新发展之路。2016 年 9 月，兴业物联荣获"2016 年度中国物业服务特色品牌企业"，2016 年 12 月底兴业物联顺利通过 ISO9001 质量管理体系、ISO14001 环境管理体系、OHSAS18001 职业健康安全管理体系认证。

兴业物联在发展中不断前行，通过与世界五大行的交流学习，借鉴和引进了适合兴业物联的管理和服务模式，积极促进物业行业的良性发展。多年来的用心服务获得了客户的充分肯定和认可，这是广大客户对兴业物联的支持与信任，更是兴业物联人坚持前行、持之以恒的责任。

## 砥砺前行，开启物业 + 物联网 + 多样化增值服务

公司密切关注行业发展趋势，与时俱进，运用互联思维，借助互联信息技术，把物业资源和互联网连接起来，突破单一的基础物业服务导向，优化物业服务，提高管理效率，降低经营成本。未来，公司将继续以提供高质便捷的物业服务为中心，牢固树立互联网思维，

深入挖掘和有效整合业内资源及社会资源，完成从劳动密集型向智力密集型的转型，实现商业模式的创新，在遵循整个产业链资源互补、风险共担、利益共享、共同发展的原则下，达到业主、物业管理公司和商家的多方共赢，与大家共同分享现代社会科技成果带来的好处。

**打造智慧服务云平台——慧眼科技中心**

随着客户智能化服务需求的日益增长，兴业物联积极利用新技术对传统物业服务在软硬件方面进行全面智能化升级，建立了自己的物联网科技中心——慧眼科技中心。通过该中心，公司可以每天 24 小时不间断地获取各项目的环境、人流、业务、财务、设备运行状况等各种信息，通过各种高效便捷的服务手段，让物业管理科学、规范、优质、和高效。

未来，兴业物联将再接再厉，积极利用先进的互联网技术，为客户打造一个智能、便利、舒适的办公商圈，不断输出优质的物业服务和智能服务产品，在创新转型的同时引领行业未来发展。

刊载于 2017 年 6 月 22 日《大河报》

# 郑州"后花园"飞出"金凤凰"

● 孙煊哲

**核心提示：** 在民间，郑州的规划有"西工业，南物流，东商务，北居住"的说法。西部主要以老城区和高新产业园为主；南部主要以物流批发业为主；郑东新区主要以商务为主，住宅紧缺，房价昂贵；而北部的惠济区既是郑州最早的别墅区和高端居住片区，也被公认为当下郑州最宜居的区域。有专家认为，惠济区正从郑州的"后花园"逐步向文化教育区、科技创新区转变，成了郑州不折不扣的金凤凰。目前，正商、万科、融创、永威、和昌等众多房企纷纷布局该区域，便是最好的例证。

## 北部崛起实惠之区

"惠济区就是实惠区，是实惠经济区。"河南省商业经济学会会长宋向清评价说，在西部高新区、东部郑东新区、南部航空港区相继获得政策和战略利好，而取得较快发展的同时，惠济区其实并没有"等靠要"，而是自我规划、创新驱动，区内特色商业区、高校园区、古荥大运河遗址文化区等规划设计和开发建设均达到一流水平。

宋向清认为，这些成就既给惠济区发展打下扎实基础，又为惠济区营造了良好的科教文化氛围，使惠济区由传统的以现代农业和休闲观光为主的郑州后花园，而渐变为文化教育区、科技创新区，成了不折不扣的郑州金凤凰。

## 上风上水宜居宜业

目前，环境优美、宁静宜居的惠济区受到越来越多房企的青睐，正商、万科、融创、保利、富力、永威、和昌、民安、碧源等一大批知名房企陆续就位，特别是本土实力房企正商集团，在此片区运作多年，玉兰谷、林语溪岸均已闪耀入市，口碑载道，千亩大盘家河家业已开盘，万亩大盘河峪洲正含苞待放。

到底是什么原因让惠济区成为房企热烈追逐的焦点呢？

宋向清认为，从房地产行业的角度看，惠济区土地资源丰富，土地价格低于周边，房价较低。而且高校和科研机构众多，人口素质整体较优，加之北依黄河及黄河湿地公园，古运河遗址文化区已经进入规划实施阶段，文化氛围好、环境质量优、空气清新、宜居宜业，堪称郑州市中心城区最后一块风水宝地，升值潜力巨大，市场十分看好。所以，诸多大牌

开发商争相进驻。

## 城市北望大势所趋

当郑州限购升级后，购房者纷纷把目光投向距离郑州较近、尚处价格洼地的平原新区，致使该区域热度上升，加上不久前刚拍出一块"地王"，更让北部片区显得炙手可热。

"根据中原城市群远景设计，旨在打造国家中心城市的郑州，未来向北跨过黄河是大势所趋，是必然之为。"在宋向清看来，当郑州跨过黄河发展以后，惠济区就是郑州城市的地理中心，也是交通中心，惠济区的宜居宜业属性可以笑傲中原江湖。

他预计，"惠济区地价和房价未来将有一个快速升值期，惠济区的实惠经济将会持续给惠济区居民带来惊喜。"

## 苛求铸造真味品质

说到惠济区，就不得不提区域内项目最多、体量最大的正商了。作为2017年中国房地产开发企业50强——正商地产的转型升级之作，刚刚开盘的家河家项目备受瞩目。

近日，记者来到位于开元路新西街附近的项目营销中心，详细了解家河家。

家河家处在北三环和北四环的核心地带，开车5分钟就可以上连霍高速。同时该项目还是不折不扣的地铁盘，而且是双地铁。正门口就是地铁二号线延长线的天山路站，此外项目还紧邻2号线和3号线的换乘站天河路站。未来，在此居住的人可以通过地铁通达全城。

家河家门口的开元路被誉为惠济区的"金水路"，沿着开元路往东不远处，就是区域行政中心惠济区政府和商业中心惠济万达广场。

此外，家河家的教育配套也是亮点，项目内除自带幼儿园和公立小学外，附近还有惠济区实验小学、实验中学，郑州师范附属实验中学等一大批名校。

这个容积率只有2.9的千亩大盘采用英伦风设计，是正商第二个精装修项目。跟北龙湖高端项目善水上境一样，家河家装修建材全部来自一线品牌，高层户型配备地暖、新风、直饮水、指纹密码锁以及智能化系统，钢木复合门和三层中空玻璃窗户也是标配。

正商地产深耕郑州二十余年，熟知郑州市场的需求，户型产品不断趋于完善。家河家在产品设计初期，经过大量的市场调研，精雕细琢，精工建造，必将为北区业主带来一次人居革新。

刊载于2017年6月28日《大河报》

# 金石为开 砥砺前行

● 孙煊哲

**核心提示：** 2017 年 6 月 30 日晚上，正商地产举行 2017 年上半年销售业绩通报会，董事长张敬国郑重宣布：正商上半年销售业绩 140.53 亿元。长期看政策，中期看区域，短期看销量。正商地产傲人的销售业绩再次赢得市场的信赖和尊重。

## 【品质为王】是正商地产严谨、务实的文化坐标

企业文化犹如企业之灵魂，没有灵魂的企业注定不能长久。任何成功的优秀企业背后，必然有一套完整系统的文化在支撑。因为，企业文化是企业信仰、价值观和行为规范的总和。正商的立足之本、发展之源便是品质文化。

实际上从公司成立之初正商就一直强调品质，从最初的"正商地产品质体验"，到 2009 年的"品质生活到永远"，再到如今的高品质战略，正商始终把品质作为企业必须坚守的理念之一。

"要在正商形成一种品质至上的文化，高标准严要求，每一个员工都要对品质有敬畏感；要在公司营造一种人人追求高品质、人人建造高品质、人人服务高品质的工作氛围。"正商地产董事长张敬国先生屡屡教导员工，对损害公司品质和品牌形象的人要严厉处罚，要扣发奖金、降薪降职，直至辞退。

此外，正商要求员工每天早上和晚上都必须在朋友圈统一转发正能量信息，这也从另一方面提升了企业凝聚力和团队精神。正能量是整个社会的需求，同时也是一个企业践行社会责任的体现。

## 【令行禁止】是正商高效执行力的制胜"法宝"

如今，国内 30 强房企几乎全部入驻中原，房地产企业之间的竞争已达到"白热化"的阶段。在竞争中，必须有"扎硬营""打死仗"的狠劲和拼劲，每一项流程都要按最佳的标准和规范性动作做到极致，在执行力方面，唯有不折不扣完成预定工作，没有任何捷径。

除了优秀的"品质文化"深入人心外，令行禁止、言出法随、雷厉风行的强大执行力是正商制胜的法宝。为此，正商全面推行 4R 执行力管理系统、"三不三要"以及 20 条《倡导与反对》等行动准则。从基本素质、综合能力、综合水平等多方面对员工做出更新更高

的要求。

正商认为，公司不能有特殊人，不能有特殊部门。制度面前，人人平等。

在采访中，记者了解到，正商是少数上午 8 点之前打卡的房地产公司，在公司的食堂里，经常能看到老板跟员工一起吃饭。可以说，在正商，上至董事长张敬国先生，下至基层员工，都能从他们身上看到这种冲劲、拼劲和猛劲。

例如，2017 年的 6 月份，为了冲刺营销业绩，正商地产的高层以及员工自愿利用休息时间申请加入营销一线队伍，助力销售，帮助客户排忧解难。正是有了这些视执行如生命的员工在各级岗位上一丝不苟、尽职尽责，才能保障正商地产健康、顺利运转。

### 【拥趸无数】是正商品牌获得成功的商道秘笈

在有了优秀的企业文化做指导，严格的执行力做保障之后，正商树立良好的企业形象和强大品牌影响力也就不足为奇了。金杯银杯不如老百姓的口碑。企业品牌形象不是喊出来的，是靠一点一滴的品质服务积淀出来的，客户忠诚度也不是一朝一夕就可以形成的，是靠长年累月的积累和信守打造出来的。

除了对新建小区追求高品质外，正商还投入千万元资金，对已交付的老小区进行"反哺式"改造升级，赢得了老业主的广泛称赞，纷纷介绍亲朋跟着正商买新盘。正商智慧城销售冠军李淑洁去年卖出 300 多套房，她告诉记者，其中 80% 以上都是"老带新"客户。这正是源于对正商产品品质的信任，也是对正商地产服务品质的一种肯定和认同。

20 余年，正商地产已在河南郑州、洛阳、信阳、新乡、北京、山东青岛、海南文昌等 7 个城市开发 70 个精品楼盘项目，为 15 万户家庭 50 万业主提供了改善人居环境的高品质生活保障。这是正商向家乡父老交出的答卷。

除了得到业主的信任，正商同样也获得行业的认可，曾荣获行业最高奖"广厦奖"，获得美国"LEED"认证，并成功跨入"中国房企 50 强"之列，成为 2017 年成长速度最快的 10 强房企之一。

2017 年上半年的 140.53 亿已是过去，重要的是未来。张敬国先生要求，下半年要迎头赶上，全年 330 亿元的销售目标"必须无条件完成，没有任何借口"。精诚所至，金石为开，谁能御之？相信正商人秉承着"品质文化"的精神，并用以指导自己的实际工作，砥砺奋进，目标终会实现。

刊载于 2017 年 7 月 5 日《大河报》

正商四大铭筑实景图

# 凡是过往 皆为序章

● 吴俊池

　　**核心提示**：2017 年上半年销售 140.53 亿元，销售面积达到 129.53 万平方米，交房项目 12 个，交房面积 100.45 万平方米，新开工项目 12 个……凭借这些数据，这家企业足以笑傲郑州房地产市场，这家企业就是正商，当之无愧的河南房地产企业的中流砥柱。正商以源源不断的活力，拿下郑州 2016 年全年销售冠军、单个项目冠军、全国重点关注楼盘等等，一次又一次给郑州地产市场带来惊喜，归根结底，是正商有着一颗永远鲜活跳动的企业核心，让执行等企业文化伴随着正商人，在郑州这片地产的热土上遍地开花。

## 回首功业，谈笑一间

　　"140.53 亿元！"2017 年 6 月 30 日，上半年这样的成绩让正商集团自豪，这其中正商人付出了太多的汗水和辛劳，善水上境施工团队在工地上辛勤的背影、家河家营销团队在闷热夏日的出街推介、金色港湾客服团队贴心又温暖的问候等，在正商，这些都是他们的平日里最普通的工作。

　　2017 年 7 月 24 日，正商地产上半年工作总结暨 2017 年下半年目标责任书签订大会上，董事长张敬国首先向全体正商人汇报了上半年正商地产的骄人战绩。

　　"不谈困难，要想办法。"这是正商全体员工特别是营销中心员工在遇到困难时，脑海里第一个蹦出来的想法。上半年的郑州房地产市场可谓波诡云谲，在一系列的市场变化下，运营、招采、行政、财务、土地等部门共同协作，才有了正商上半年的丰硕成果。

　　所有的正商人都在笑，是努力、辛勤、汗水、拼搏汇聚成今日的辉煌，回眸一望，2017 年上半年携手创造的市场奇迹，均在一笑之间。

## 凡是过往，皆为序章

　　正商地产扎根郑州房地产市场 24 年，深耕细作、不断成长最终枝繁叶茂、花开满地，目前在郑州正商地产的项目总数达 63 个之多，从最早的北云鹤项目第一块地块的开工建设，到河峪洲项目新中式营销中心的开放，到北龙湖项目的规划图纸，跨越至智慧城项目施工的现场细节，正商人并没有停留在过往的成绩上沾沾自喜，而是更加躬下身子，在他们的眼里，"品质要放在第一位，安全生产一定要当作头等大事"。

快和高品质从来不矛盾，在正商的每一个项目上，上至项目经理，下至片区基层领导，任何相关的项目经理、第一负责人、物业案场负责人，经常会到"第一线"去，看看设备的维护，询问询问施工的项目进度，地面的整洁、门岗的管理、易损件的维修等，是他们共同维护的焦点，及时发现问题，解决问题，"到现场去"是正商人保证品质、保证进度的第一法则。

善水上境、家河家、河峪洲项目的先后亮相，开启了正商地产"2.0时代"的新篇章，严格坚持建造高品质、服务高品质、配套高品质成为第一准则。善水上境作为正商地产目前的高端标杆项目，项目样板间、工程施工、装修标准一经亮相，就惊艳了郑州房地产市场，工程质量把控之严格，质感设计之精妙，智能化科技系统之先进、人性化考虑之细腻，纵览全局，难逢敌手。

**百尺竿头，再进一步**

"品质，不止停留于口头；执行，就要做出行动。"除了对品质的苛求，在正商，最值得所有人骄傲又令大家严格遵守的就是"执行力法则"。

正商走过了24个春夏，已经成为郑州房地产市场上最强劲的一股力量，这和正商人"扎硬营""打死仗"的狠劲和拼劲，以及令行禁止、言出法随、雷厉风行的强大执行力是分不开的。说到底，正商企业文化的核心，落到实处就是"执行文化"。

制度面前，人人平等。在记者看来，土地储备、人才资源、团队配合等各方面的因素固然重要，但最根本是落到"人"上，严格的4R执行力管理系统、"三不三要"以及20条《倡导与反对》等行动准则，这些才是正商发掘人才、培养人才、管理人才、发挥人才的制胜法宝，这就是最朴实、最真实、最简单的正商文化。

今天的正商，更像是个24岁的大小伙子，他所面对的不仅是全国优秀的房企，更要面对瞬息万变的市场，绿色、生态、可持续的发展道路，将是正商产业结构转型的关键，张敬国曾将这样的转型比作"第二次创业"。

地产行业是一个极具竞争力的行业，游得慢的鱼儿会被游得快的鱼儿淘汰掉，这就是正商人所秉持的"快鱼法则"，快则赢得发展，慢则遭到淘汰。不仅在速度上，在身体素质上，在心理健康上，正商人每一刻都在拼，和对手竞争，和同事竞争，和自己竞争。正如张敬国勉励正商全体员工的那样，下半年的任务艰巨又困难，面对困难，正商人只有排除万难，奋勇直前。

刊载于2017年8月3日《大河报》

# 顺势而为 正商为潮

● 吴俊池

大浪淘沙，洗尽铅华。在郑州房地产市场发展的过程中，经历过多次市场大方向的转折、波动以及金融危机等不可预知的风险。风雨过后，留下来的企业进一步做大做强，方显英雄本色，顺势而为造英雄。

在郑州房地产市场，顺应局势便可达到搭车行情、项目获利、企业升华的目的。在金融危机期间，房企"见地变色"，正商大批量拿地，打造航海路一片新天地；龙子湖金融岛地块开启，正商再次出手，如今金融岛写字楼已有一半体量为正商名下；古荥区域开发，正商重重地落子"河峪洲项目"，扛起区域运作的大旗。顺势者称王，那么作为造势者的正商呢？他们获得的是市场和购房者的尊敬和认可。

## 南下东进布局价值高地区域

在郑州城市的更新史上，正商作为城市的建造者，有着浓墨重彩的一笔。

2001 年，正商地产在航海路东段，一次性拿地 650 亩，随后多次大量吃入航海路沿线地块，几年后，随着 43 万平方米超大体量小区正商金色港湾亮相郑东南区域，众多开发企业这才意识到该区域的价值，并纷纷入驻。同一时期，正商幸福港湾、美景鸿城、美景天城、富田太阳城、万科美景龙堂、正商华钻，纷纷亮相航海路，至此，航海路"热"了。

南下，正商智慧城项目亮相郑州南部片区，南龙湖罕见的双气配套、郑州外国语入驻以及智能家居体验，惊艳郑州，震动南龙湖，从最初的价格到如今购房者的认可，市场从来不会说谎。

东进，又是在不被看好的阶段，拿下龙子湖片区四宗地块进行商业开发，四大铭筑带动龙子湖片区，又一次被郑州人民所关注，2017 年 3 月，四大铭筑的学府广场正式交付使用，在周围写字楼仍在努力招商、建设施工的阶段，学府广场的入住率已经高达 86%，这在成熟片区，也是罕见的成绩。

与其说是正商发掘了郑州的房地产市场价值，不如说是正商"造出"了该区域的价值增长，开拓一个同行业不看好且无人涉足的区域，对于企业是一种风险挑战，但却是在城市建造过程中作为推进动力的房企的一种社会责任担当。

### 引领区域造势大浪滔天 "正" 为潮

顺应市场浪潮的发展，才能站在浪头，做时代的弄潮儿。但在没有巨浪的时候，正商学会了自己制造浪潮，在区域开发的过程中，正商尝到了甜头且一发而不可收，频频出手布局超前区域。

以智慧城、四大铭筑项目为例，在开发初期，并不被市场和购房者所看好，未来的发展如同隔着一层薄雾，在正商的大体量规划和建设下，区域的热度不断凸显，价值不断被挖掘，更有开发企业在正商已经打造的区域周围，进行同区域 "联合开发"，希望能够搭上新一轮区域崛起的快车。事实证明，正商走对了，他们跟着正商，也走对了。

有人说，航海路本来就是市政主干道之一，发展起来是早晚的事儿，正商不过碰上了好运气；又有人说，南龙湖区域是碰到了 2016 年的市场大行情，谁做都能起来；还有人说，龙子湖高规格的规划蓝图、15 所高校环绕，也是早晚的繁荣地带。

但他们都在说，只有正商地产在默默地做，并且在市场浪潮的波动下，扛住了所有的压力和非议，做出了成绩，促进了区域的崛起，做出了城市的发展，做出了中原人居环境的更迭，是市场的发展浪潮成就了正商，更是正商的发展造出了一轮又一轮新的市场浪潮。

### 北上落子古荥打造郑北山水文脉

目前，河峪洲项目的亮相，是正商对古荥区域的又一次超前布局。

北上，正商再一次让郑州的购房者领略了什么是 "真正的生活"。7 月 17 日，正商河峪洲项目营销中心盛大开放。作为正商现阶段的三大拳头产品之一，河峪洲项目的总规划占地近 8000 亩，建筑面积达到 183 万平方米，正商也因此被业内称为 "第一个开发古荥的开发商"。

河峪洲项目作为正商在郑北区域版图的又一次重要布局，对于正商集团和整个沿黄快速路区域都意义非凡。

1800 多年前，楚汉相争，刘邦与项羽在此处屯兵作战，古荥区域成为兵家必争之地，而如今，取而代之的是正商品质巨盘河峪洲项目，其以郑北山水文脉、生态人文大城的形象展现在购房者面前。

河峪洲项目东接江山路主干道，北靠沿黄快速路，西邻郑云高速，南通大河路，交通便利，形成六纵六横的交通立体框架。

为了保证后花园效果的实现，河峪洲项目将对客户采取精装交付。目前位于沿黄快速

正商河峪洲实景图

路的正商河峪洲营销中心，以东方的院落美学实景建筑，毫无保留地将恢宏宅门、文化回廊、山水景墙、东方园林等内部空间完全打开，接受全郑州购房者的挑选与检验。🔁

2017 年 8 月 17 日《河南商报》

# 建筑上的诗与远方

● 马松伟

在中国城镇化进程的火热持续发展中，城市化率进入成熟攻坚阶段，购房者品质服务需求更趋明显，楼市竞争分化已经变得更加激烈。

**佛家讲不忘初心，方得始终**

在这样的时代背景下，"房子是用来住的，不是用来炒的"是初心，"一屋以遮风避雨，更求舒适称心"也是初心，"矢志提升客户体验，追求品质生活到永远"更是初心。

作为一家生于斯、长于斯、发轫于斯的河南本土房地产品牌开发企业，正商地产自1995年创立以来，24年根植郑州，勤耕不辍，立足中原，布局全国，拥抱国际资本，为10万户家庭，50余万业主提供了优质住所，改善了居住环境，在业界乃至社会各界赢得了良好口碑。

**初心不改："品质坚守"背后的品牌诉求**

"积土成山，风雨生焉；积水成渊，蛟龙生焉；积善成德，圣心备焉。"一个人，只有具备善念、善心、善举、善言、善行，才能像"利万物而不争"的善水一样，成为上善之人，事业、人生才能达到更高的境界。

"上善若水，境由心生"，正商善水上境，2016年郑州土地"首拍"诞生的"双料"地王项目，由正商地产董事长张敬国亲自命名，是郑东新区龙湖区域高端住宅区的标杆性项目。

善水上境这个名称更多地被业内人士解读为是张敬国"诗和远方"的情怀诉求，是正商对于品牌跃升和精神重塑的格局审视。同时，这个项目也是正商产品体系布局高端的转型之作——深谙中国人特有的院落情结，在社区内部打造新中式庭院。从细节出发，比如打造项目后花园，营造善水人的富氧生活场所；而高层7.5米的宽敞横厅设计，让居者在家中即可纵享水岸美景。

对于一个区域性代表项目和企业里程碑项目的重视与苛求，正是正商品质化路线和品质初心坚守的典型表现。

从较早规划设计出适宜居住，以满足改善型住房需求、注重业主现代情调生活的"改善型"产品系列，以发掘欧洲中世纪风情小镇的生活内涵，以稀缺生态资源彰显地中海异域生活的高端宜居社区舒适型产品系列，一直到如今商业写字楼项目全面推向市场，正商地产逐渐形成了改善型、舒适型及商业写字楼全线产品系列，满足了不同消费人群的个性化需求。

完善的产品线布局正是国内一线品牌房地产企业的核心竞争力所在。万科、恒大莫不如是。在明晰的产品线背后，是企业品牌张力和成长力的释放，是产品品质体系的搭建和品牌文化内涵的支撑。从最初扎根郑州东南一隅，到布局全城核心板块，从深耕河南到进军山东青岛，海南文昌，河南洛阳、新乡、信阳等地，从发轫中原腹地到踏上国际化征途——经营区域涵盖中国香港和美国、日本、新加坡等地，正商企业品牌所展现的活力已经成为河南本土房地产民营企业的一面旗帜。

正商的成功就在于对品质的坚守始终如一。正商地产董事长张敬国曾说："品质是企业赖以生存和发展的根本、命脉、基石，是企业存在的理由。一个不注重品质提升的企业，是无源之水、无本之木，注定没有未来。"

**矢志不移："工匠精神"推动品质革命**

仔细观察正商企业的商业发展路径，可以看到的是充满了思辨和审视的哲学导引实践。张敬国曾在公司内部会议上发出了对品质文化的警醒："我们创业初期由于过分强调产品建造速度而忽视了企业品牌文化内涵的营造，以至于品质文化没有真正深入人心，没有在工作中落到实处。现在，我们企业的品牌结构管理及品牌核心竞争力都发生了明显的变化，新的市场竞争格局及产业布局要求我们必须具备新的战略思维，要重点发挥我们的创新精神，精益筑家，诚实守信、勤奋敬业等是正商地产核心价值观的重要组成部分，我们一定要把品质搞上去，坚守'工匠精神'，高品质建设不计成本。"

"工匠精神"对于我们的国家和民族已经变得如此之重要。"工匠精神"在当今企业管理中也有着重要的践行价值。

企业追求工匠精神，才能在长期的市场竞争中立于不败之地。把"工匠精神"放在企业发展的首位，不断改进、不断完善，不断创新，高标准，严要求，只有经过市场检验，赢得用户及社会各界的认同和信赖，才是正商地产未来发展的生存之本。

在正商的企业管理哲学里，高品质是企业发展的基石，不只是停留在表面，而是体现在每一个社区的每一处细节上，每一处物业管理的每一次微小关怀上。同时也不仅仅是企业的精神坚守，更要打造成深入骨髓的品质文化，嵌入到每一个正商员工的服务思维体系里。

2013 年以来，正商开始了品质提升行动，包括建造品质的提升、服务品质的提升、配套品质的提升。历经 3 年的正商品质提升"革命"，正商新老社区的业主惊喜地发现正商所开发的已交付项目，在建、在售项目的建造、服务、配套等方面的品质有了明显的改观和提高。比如，实施封闭化管理，打造电子围栏系统，强化便民服务配套等。

面对品质提升的初步战果，张敬国指出："以'品质生活到永远'作为企业使命的正商，品质之路任重道远，未有穷期。"在 1 月 21 日举行的正商地产 2016 年工作总结和 2017 年工作部署会议上，再次响亮地提出了"让每一个正商人在高品质建设中发挥光和热"的号召，并将此作为 2017 年正商的总体思路和主要目标，要求全体正商人和所有合作伙伴牢牢树立高品质观念、高品质意识，并付诸行动。

"让品质文化深入人心，成为每个正商人的自觉行动。"这是张敬国对正商高品质建设的又一硬性要求。"今后，要在正商形成一种品质至上的文化，大力倡导'工匠精神'，每一个员工都要对品质有敬畏感；要在公司营造一种人人追求高品质，人人建造高品质，人人服务高品质的工作氛围；要使有损公司品质和品牌形象的行为在公司就像过街老鼠一样人人喊打。同时，正商要求所有的合作团队也一定是追求高品质的团队，所有合作团队在正商工作的人也要像正商人一样追求品质。"

**梦想不变："品质基因"成就正商百年基业**

在 2016 年度业绩发布会上，正商地产董事长张敬国宣布：全年销售额为 261.2 亿元。这一数据也是本土房企截至目前创造的最高值。

过去几年，本土房企销售领军者也一直由正商担当。2012 ～ 2015 年连续四年销售业绩在郑州市排名第一。其中，2014 年被评为"中国房地产百强企业"，名列百强排行榜第 54 位，同时荣获"稳健性 TOP10"企业，企业始终保持 30% 的高效益增长。

2016 年，正商总销售额 261.2 亿元，同比增长 95% 以上，销售面积 292.43 万平方米，同比增长 77.6%，交房项目 25 个，交房面积 315 万平方米，共 18089 户（含办公楼），共纳税 29.17 亿元，同比增长 65.74%，稳居河南第一。

数据背后，品质已经成为一种文化、一种信念、一种敬畏，是正商人的自觉共识。

"人们来到城市，是为了生活；人们居住在城市，是为了更好地提高品质生活。"正商地产从开发、销售到物业服务带给业主的体验是不断进步的、不断完善提升的，其目的就是为了给业主提供更好的居住品质和生活体验。

张敬国曾经这样告诫员工："正商人应该永远记住：在某个高度之上，就没有风雨云层。如果你的心灵被云翳遮蔽，那是因为你的心灵飞翔得还不够高远。正商人不要居功自傲于过去的业绩，也不要沾沾自喜于区域领先，我们是要与全国一线品牌房企、与国内最优秀的企业和项目比，与全球代表性的标杆项目比，这样你就会发现巨大差距，你就会知耻而后勇，你就会有前行的动力和源泉。"

今天的正商已经是叩响纽约和香港大门的国际化企业，已成为集房地产开发、工程建设、物业服务、酒店管理、医院管理、投资和信托基金管理于一体的跨国企业集团。2015 年成功组建正恒国际控股公司，登陆香港资本市场。2016 年，成功对接美国资本市场，旗下的美国 GMRE 公司在纽交所上市。

自此，正商地产不仅在中国香港和美国拥有两家上市公司，而且先人一步，开始了资产证券化的实践和探索。品质一直被正商人视为品牌发展的基石和助推器。国际化、资产化、品质化"三化一体"的全新发展战略中，品质依然占据重要地位。

在正商的企业蓝图里，计划用 3 年左右的时间将另一支养老基金筹备上市，再次敲响纽交所的上市钟声。这意味着正商也将越来越多的医疗、养老资源和技术引入国内，植根郑州，使之进入正商开发建设的社区。

未来，正商将坚持实施"建造高品质、服务高品质、配套高品质"的战略目标，为提升人居环境、打造品质生活、促进城市化发展，不断创新超越，奋发前行。

刊载于 2017 年 3 月 10 日《河南商报》

# 正商入榜 打破豫房企零的纪录

● 吴俊池

2017 年 8 月 24 日，由全国工商联主办，工信部、国家工商总局支持的 2017 中国民营企业 500 强发布会在济南召开，华为投资控股有限公司、苏宁控股集团、山东魏桥创业集团有限公司位列 2017 中国民营企业 500 强前三名。

正商地产作为河南房地产企业的代表，名列第 377 位，为河南房地产行业唯一上榜企业，同时实现了河南房企在民营企业 500 强榜单及"中国民营企业服务 100 强"榜单的双突破。

## 豫企登榜 15 家 正商实现双突破

随着企业的发展和壮大，近年来，民企 500 强榜单的入围门槛大幅提升，以 2016 年营业收入为标准，民营企业 500 强入围门槛为 120.52 亿元，较上年度增加了 18.77 亿元；超大型企业快速增长，过去的一年，有 6 家民企收入突破 3000 亿元大关，形成第一序列，其中华为投资控股有限公司营业收入净增 1265.65 亿元，突破 5000 亿元，荣登民营企业 500 强榜首。

据了解，中国民营企业 500 强是中华全国工商业联合会在上规模民营企业调研的基础上，以营业收入总额为参考指标发布的排序结果。其中涉及的统计标准有营业收入总额、资产总额、固定资产总额、出口收入总额、利润总额、缴税总额、员工人数，共计七项。

根据《报告》内容显示，民营企业 500 强前十大行业，反映出由传统产业向新兴产业调整的趋势，民企走出去步伐明显加快，2016 年民营企业 500 强的海外投资项目数量从 2015 年的 1328 项增加到 1659 项，增长率 24.92%。

其中河南民营企业上榜 15 家，正商在河南本土房企式微的情况下，成为河南入围民营企业 500 强的唯一地产企业。

## 跨界跨国布局 正商地产全面开花

2017 年 4 月 27 日，正商斥资约 41 亿元于北京拿地。目前，正商地产的经营范围已经涵盖河南郑州、洛阳、信阳、新乡、北京、山东青岛、海南文昌、香港及美国、日本、新加坡等地，下属 28 家子公司，相继开发了 70 个项目，累计开发总建筑面积约 2200 万平方米，物业管理面积 1100 万平方米，服务于 15 万户家庭，50 万业主。

房地产仍然是正商地产的主业，但多面手的正商在新领域内同样做到了全面开花。

2015 年，正商地产借壳香港上市公司恒辉企业（00185.HK），拥有香港主板上市公司正恒国际控股（00185.HK）；2016 年 6 月 29 日，正商集团旗下的美国 GMRE 公司在纽约证券交易所主板市场上市；同时，在中原金融领域，正商地产也是郑州银行（06196.HK）的第三大股东。

### 企业文化是核心竞争力的源泉

正商作为 2017 年中国民营企业 500 强中唯一入选的河南房地产企业，与企业的整体竞争力是分不开的。

在正商的企业内部，执行力文化已经渗入每一名正商员工的日常工作中，这也正是企业保持竞争力与活力的不竭源泉。

正商地产蝉联中国房地产百强企业，连续五年销售额和销售量位居郑州第一名，荣获河南省著名商标。2016 年正商地产销售额 261.2 亿元，销售面积 270.7 万平方米，名列河南省第一名。2016 年度纳税额 29.17 亿元，位居河南省前列。

2017 年 3 月荣获"2017 中国房地产开发企业 50 强"（第 48 名）、"2017 中国房地产开发企业成长速度 10 强"。

在 2017 年 1～7 月的郑州房地产市场统计数据中，正商地产在销售金额、销售套数、销售面积三项上，分别占到了市场总额的 34%、35% 以及 39%，大幅领先其他房企。

正商地产作为河南房企的领头羊，更是目前民营企业现状的一个缩影，民营企业在目前国民经济中的地位日益重要，而在未来的发展中，像正商这样影响、引导国民经济，在国民经济中发挥重要作用的企业将会越来越多。

刊载于 2017 年 8 月 30 日《大河报》

正商玉兰谷实景图

# 房企"领头羊"入榜品牌价值"50 强"

● 吴俊池

核心提示：2017 年 9 月 13 日，"2017 中国房地产企业品牌价值测评成果发布会暨房地产品牌价值高峰论坛"在上海举行，此次论坛是由中国房地产业协会、中国房地产测评中心联合举办。测评发布会上同时发布了《2017 中国房地产企业品牌价值测评研究报告》（以下简称《报告》），以及 2017 中国房地产开发企业品牌价值 50 强、区域 10 强、商业地产企业品牌价值 10 强、物业管理企业品牌价值 50 强、供应商品牌系列 5 强等榜单。其中正商作为河南本土房地产开发企业中的佼佼者，以 57.89 亿元（第 48 位）入选"2017 中国房地产开发企业品牌价值 50 强"。

**正商地产挺进"50 强"强势品牌引领发展**

中国房地产企业品牌价值测评成果发布会是由中国房地产业协会、中国房地产测评中心联合组织，截至目前，已举办了七届，在中国房地产市场中，测评成果以客观、公正、专业和科学等态度，得到了房企的一致认可，行业含金量极高。

2017 年中国房地产企业品牌价值榜单中，前三强仍然由中海、恒大、万科占据，中海连续七年稳坐榜首，品牌价值达到 529.21 亿元，恒大和万科分别以 431.23 亿元和 404.41 亿元位居榜眼和探花之位。

50 强的榜单上，正商地产作为河南房地产开发企业的领头羊，今年再次上榜，其中 50 强房企的品牌价值均值保持持续增长，50 强的品牌价值均值从 2013 年的 94.29 亿元，上升至 2017 年的 149.18 亿元，平均年增长率达到 12.2%。

从整体看来，随着品牌年龄的不断积累，越来越多的房企通过良好的产品品质和服务创新实现了品牌价值的大幅提升，在全国范围乃至区域范围内，强势品牌仍然在市场中起到引领发展、提高房地产开发企业行业标准的作用。

**提高客户粘性物业是关键**

随着中国房地产行业逐步走向成熟，房地产企业的品牌价值实现稳步积累，但企业客户的忠诚度和客户粘性，成为另一项需要房地产开发企业提升的关键，房企想要真正提高企业品牌的美誉度和忠诚度，并转化为实际的购买需求或老业主二次购买力，才能实现企业的持续发展，这其中的关键，就是要有良好的物业服务。

在发布的子榜单中，正商物业在"2017中国物业管理企业综合实力100强"中，凭借物业团队的高品质服务，拿下了第45位的成绩。

正商地产作为品牌榜单和物业榜单双双五十强企业，从综合实力上，已经位于河南本土房地产开发企业的金字塔尖位置。正商地产在河南区域，连续五年销售额和销售量位居郑州第一名，在提升产品硬实力的前提下，不断提高物业服务和品牌，打造企业的品牌软实力。

**高品质服务配套就是当下正商的代名词**

早在几年前，正商就提出"建造高品质，服务高品质，配套高品质"的产品品牌理念，并逐步在落地的智慧城、书香华府、书香铭筑、善水上境、家河家以及河峪洲项目亮相，高品质的产品质量和服务配套赢得了市场的一致肯定。

智慧城亮相郑南，轰动北龙湖，多次开盘均收到良好的市场反应；善水上境大境天开，全部国际一线品牌产品精致装潢，惊艳郑州主城区，施工标准更是精益求精；河峪洲项目即将开盘，高品质施工、高品质配套、高品质装修，使得前来排号的购房者挤满售楼处。

正商地产的发展历程，就是郑州房地产市场发展的一个缩影，从最初简单地保证居住属性到小区配套，到高品质产品升级服务，再到为了"品质生活到永远"的企业理念，在为郑州人民营造更加舒适宜居环境的道路上，正商地产一直在前进。

中国房地产企业品牌价值50强、中国物业管理企业综合实力50强，这对正商来说，是一份鼓励，更是一份坚持，只有不断坚持最初的理念，才能真正实现企业的长效发展，而在当下，正商所要做的，就是让"高品质服务配套"成为企业的代名词。

在这样的坚持下，企业才能够在发展的道路上越走越远，正商地产也将在更多的领域继往开来。

刊载于2017年8月30日《大河报》

# 地产新"畅想"

● 吴俊池

**核心提示：** "啊～啊，五环，你比四环多一环……" 2017 年 9 月 28 日，位于郑州东区的 G107 线郑州境东移改建(二期)工程正式通车，这标志着郑州交通的"五环之歌"正式唱响。

早在郑州交通五环线框架确立之前，郑州房地产开发行业的"五环战略"已布局，其中正商地产作为河南房地产开发领域的领头羊，早在几年前，就已经开始环郑州区域进行战略布局，目前河峪洲、智慧城、公主湖以及书香铭筑等项目，已经初步成熟，未来的正商地产将坚持高品质、高价格、高服务战略，坚守使命，坚定信念，不折不扣把产品质量做好，把服务做好，提高产品溢价能力，为更多业主提供货真价实的服务，为城市发展助力。

## 开拓提升区域综合价值

五环快速路的规划确定之后，郑州市的城区规模又将迎来新一轮的扩张，在城市框架拉大的过程中，房地产开发商起到了不可替代的作用，正商地产的企业发展史，就是新区域价值开发的成长史。

早在十余年前，郑州东南区域被视为"欠开发"地带，正商地产响应城市框架急需扩大的号召，在目前航海路区域频频出手拿地，正商金色港湾、蓝钻、新蓝钻、航海广场等一批房地产项目，纷纷拔地而起，综合配套区域逐渐成熟，地产价值凸显，至此，更多的房企布局东南区域，航海路区域价值被市场和消费者认可。

正商地产挖掘区域潜力，打造区域整体价值，品质与价格相辅相成，品质提升价格、价格服务品质；提升品质，树立公司品牌形象，利用品牌实现产品溢价。

## 五环区域 价值凸显

道路交通的改善，对于区域发展的促进作用极大，在三环快速路的时代，随着快速路交通价值的发酵，三环区域的商业和房地产价值得到释放，如今三环区域已经有"金三环"的称号。

而从郑州市城乡规划局公布的五环路线图来看，目前五环区域，大部分仍属于商业和经济相对较弱的区域，一如十年前的三环快速路，正商地产极具前瞻性的战略眼光，早已布局多项目在四环以及五环区域。

北部片区的正商河峪洲、东部片区的正商书香铭筑、南部片区的正商智慧城以及公主湖项目，均作为提前布局区域、挖掘区域价值的房地产项目典范，对其他房地产开发企业起到了"教科书式"的示范作用。

正商区域运作的能力，早已被其他开发商所熟悉，公主湖项目在新郑的落地，为郑州南部区域画上了浓墨重彩的一笔，紧随正商拿地之后，碧桂园、恒大、华夏幸福、英地等知名房地产开发企业，纷纷在公主湖项目周围竞拍拿地，同样打出提前布局、联合开发、区域运作的"王牌"。

**打造公共配套布局深远**

正商地产发展时至今日，产品的高品质、高服务、高配套，与公司形象、公司的生存、公司的竞争力息息相关，大量市政公共配套的建设，更是正商地产作为一家民营企业社会责任感的体现。

河峪洲项目作为正商地产布局古荥区域的生态大盘，以高品质、高服务、高配套的标准，提升产品，创造相应的价值。正商人认为，一定把公司建造高品质，配套高品质，服务高品质的理念和成果，展示给客户，让客户真真切切感到物超所值。

同时，河峪洲项目总占地面积达到8000余亩，其中市政公园、教育、绿化等配套就占到总面积的一半左右，就是为了能够打造更加舒适的人居生活环境，提升居住者的居住感受和舒适度，真正做到"品质生活到永远"。

在正商地产未来的发展规划中，仍然将坚持高品质，高服务重点列为发展战略重点，坚守使命，坚定信念，不折不扣地把产品质量做好，把服务做好，提高产品溢价能力，为更多业主提供货真价实的服务，为城市发展助力。

刊载于 2017 年 10 月 18 日《大河报》

# 三级管理制度 杜绝建筑"盲点"

● 吴俊池

**核心提示：**对于市政规划，曾有人说过，"排水工程是一个城市的良心"，同样在房地产开发过程中，无论企业的样板间和工法展示做得如何漂亮，施工工地才是房地产开发企业的良心。正商地产作为河南房地产企业的龙头，经过快速积累，进入转型升级阶段，以高品质配套、高品质服务和高品质建造赢得更多客户信赖，在众多装修精美的样板间背后，整洁、有序的文明施工工地，才是正商地产"高品质服务"的最好写照。

## 高品质文明施工 质量统一标准化

售楼处、样板间、工法展示以及样板景观，这些都是在房地产开发过程中，开发企业呈现给客户最多的点，而工地在施工期间，开发企业则很少对外进行开放或固定时间进行样板展示。

正商地产作为生于斯、长于斯的河南本土房地产开发企业，在工地标准化建设施工方面，愿意向购房者开放。记者来到正在销售的正商善水上境项目，在沙盘旁的落地玻璃窗外，就是善水上境正在施工的工地，建筑工人正在进行外立面和室内的部分建筑工作，整个工地实景一览无余。

记者在工地现场看到，进出工地的大门处，是安全提示牌以及安全管理规范，充分保证施工人员以及进出人员的人身安全，工地围挡内部，正在进行基土回填，洋房区域的施工工人正在进行外立面保温层安装和铝板的安装作业。

据工作人员介绍，洋房和高层在接近地面的几层均用干挂石材，较高楼层则用同颜色的铝板进行装饰，"传统真石漆的寿命不超过 5 年，干挂铝板具有耐腐蚀的特点，基本可以做到和建筑物同寿命，达到 50 年以上，但成本也更高，是真石漆的 6 ～ 8 倍"。

## 地面全部硬化 公共区域进行洒水除尘

"建筑材料在工地现场随意堆放，是工地施工的大忌，"善水上境相关施工工程师介绍，为了保证建筑材料不被锈蚀或遇水后变硬，所有的建筑材料都做到架空物料处理，保证物料的存放品质，"之前我们的建筑防护采用的是冲孔钢板网和建筑定型防护的做法，也被许多其他房企效仿。"

2017年5月份，正商善水上境工地作为标准样板工地向众多知名房企现场展示，记者在项目施工方提供的资料中看到，工地地面全部硬化，建筑外墙防尘网整洁到位，公共区域都进行洒水除尘处理。

该工作人员介绍，项目要每天不定时向上一级工程质检发送自检日志，内容包括照片、视频等影像资料，"接到自检汇报后，上一级检查组，会在当天到达项目上，进行再次检查，随时验收"。

该工作人员提到地面工地的建设只是工地标准化的一部分，善水上境地下车库管网的设计及施工，全程用到了BIM建模技术，吊顶等公共区域的建设，依照更高的标准进行比对，"目前仅车库地面的环氧树脂喷漆成本，就可能达到普通环氧树脂喷漆的数倍以上"。

**三级管理制度 杜绝建设盲点**

据正商地产相关工作人员介绍，自正商地产于年初内部运营结构调整下设四大片区公司之后，除了用料和设计上进行提升，工程管理方面也进行了再次升级，从最初的二级管理升级为三级管理制度，"首先进行项目工程自检，第二步进行片区检查，涉及的检查项目有十几项之多，第三步再进行公司运营管理中心的检查"。

该工作人员介绍说不同检查层面，有不同的工作重点和关注区域，施行三级管理制度，是为了从多方面杜绝工程施工中的盲点。

而严格的标准不只是在善水上境项目，在家河家以及河峪洲项目同样如此。相关工作人员介绍，正商目前在建筑工地的检验方面要求极高，从最初的40个左右的一级停检点提高至目前的60多个一级停检点、120余个二级停检点等，发现问题，将立即进行整改。

施工工地的标准化是建筑标准化的一部分，更是保证优质建筑产品的基础，正商地产在产品升级的同时，以高品质要求自己，在产品、用材的选择上，一切从细节出发，在建筑材料和用工管理上不打一点折扣。未来的正商，在高标准严要求之下，必将为郑州的房地产市场提供更多的优质地产产品。

刊载于2017年11月9日《大河报》

城市之光

第二辑 CITY LIGHTS

# 园林品质当思先　精细入微之方见

● 袁瑞青

当"裸盘"时代一去不复返时，园林景观的打造成了客户衡量楼盘性价比高低的重要敏感点，更是开发商品牌软实力的重要接触点，如何在园林景观规划中实现品质提升成了众多开发商研究的课题。随着高端社区生态、低碳、环保、绿色、智能化品质生活理念的普及，越来越多的人认识到真正高品质的生活在于融入自然和谐的环境。

2014 年，正商地产一场品质提升风暴席卷绿城：打造精细的园林景观，提升园林品质服务细节，成为正商新、老社区产品品质提升的重要组成部分。品质提升风暴遵循客户生活习惯，从客户需求出发，让每一位业主切实感受到身心愉悦。

## 景观升级改造　演绎全新生活方式

随着社会不断发展进步，人们对社区园林品质的关注日益提升，对高品质生活的要求也更为苛刻。

精致如画的园林不仅需要好的苗木和栽种技术，亦需要好的公司来规划和设计。记者了解到，正商地产聘请龙湖知名景观团队，为正商地产景观园林品质的提升保驾护航。

正商园林景观设计中心的负责人表示，早在 2003 年，正商金色港湾即第一个引进了坡地景观设计理念，采用景观组团的形式开创了中原景观社区的先河，成为迄今为止郑州市民津津乐道的社区景观样板佳话。

事实上，对于服务细节的重视和打造，才更能看出开发商对小区品质的用心。2014 年 4 月，正商耗资逾百万元对 19 个老社区进行大规模的景观绿化增补，累计增补超过 5 万平方米的绿化面积，使小区园林景观品质升级凸显，让业主切实感受到了品质提升带来的品质生活体验。

"以前一直说咱四月天的绿化景观好，这次朋友来家里做客，夸咱小区的绿化比以前更加有生机，满园都是春天啊。生活在四月天，这绿化就是让咱脸上添光彩。"正商四月天 7 号楼一名业主对记者坦言。

有业内人士评论，开发商花大价钱做好社区景观建设不难理解，这样能增加产品附加值，形成口碑传播，促进老带新业主对楼盘定向销售，而对已入住的老社区再次投入巨资改造园林景观，这样的开发商并不多见。

回顾正商，2013 年正商新蓝钻、正商东方港湾、正商颍河港湾等社区被郑州市人民政府评为"市级园林式小区"称号。正商依旧把园林品质的提升摆在重要位置，用品质为自己代言，将缔造品质生活高端物业进行到底。

**植被全冠移植　制定园林景观标准**

正商按照植被成长特点，全冠移植，在最合适的地方种合适的树，给业主量身打造一种四季花开、赏心悦目、颐养身心的园林生活方式。

绿色、低碳、环保、智能化是正商地产一直以来倡导并践行的景观设计服务理念，在景观设计方面，正商地产将全面引进国际一流园林景观规划设计理念，从每一株花草开始，力争打造 3～5 年内同行无法复制与模仿的景观样板示范区。

在正商铂钻文苑生活社区可以看到，开发商对整体建筑秩序的打造和细节的人文处理可谓精雕细琢，从每一处景观入口出发，完全遵循客户的生活习惯和内心需求。

社区景观汲取了法式园林的精髓，将宫廷景观仪式的归属感、花园景观的情调感、田园景观的休闲感结合在一起，为业主创造了一个心灵回归自然的人文空间，成为正商新社区业主人文景观生活的样板。

正商铂钻将景观与建筑风格有机融合在一起，形成高贵气派而又不失温馨的庄园氛围，给业主营造一个诗意的栖居环境。特色水景、喷泉步道、实木廊庭、大面积花岗岩精致铺装连接各个不同风格的生活庭院；老人活动区、儿童游乐区，静动分离，颇有陈从周笔下"还我读书处，小阁无灯月侵窗"的静谧与闲适的居家味道，这里与小桥流水的江南水乡不同，楼台庭院户户相连，环环相扣，极尽邻里融洽相处氛围，欢声笑语传遍小区每一寸土地；景墙、花坛、玫瑰花园，又将小区景观营造出移步换景的园林景观生活。

一家企业用优异的作品赢得市场和客户的掌声，正商地产——中国房地产百强企业，对园林品质提升的重视程度，让我们足以瞥见一家企业深谋远虑的思考。在当前体验式营销大行其道的时刻，正商地产对新老社区双向出击，打造优质景观的做法无疑既赚足了眼球又赢得了市场口碑。

刊载于 2014 年 7 月 30 日《大河报》

# 一门窥古今

● 李志鹏

著名作家张抗抗说："家是一辆汽车，可以送你去很远的地方。父母是轮换开车的司机，孩子是乘客。到了父母年迈时，孩子就当上了司机而父母则变成了乘客。"作为正商大家庭的成员，品质社区需要大家共同维护，这样品质生活才能长久持续。

居者有其屋，是富民同乐的理想生活状态。家，是一个人对生命的忠诚解读，对长辈，是孝道，对晚辈，是责任、更是一个人生命存在的完美符号。

门，以进者为安，承载着太多的民俗文化元素，是中国建筑的重要视点。孔子的《论语·雍也》云："谁能出不由门？"道理很简单，却包蕴丰富的哲理。门与人类同生同存。门，是建筑的脸面，传达着一座城市的视觉情感，既是一种生活态度，也是一种人文象征。

### 一门窥古今，洞穿正商社区品质生活乐园

门，还演绎出种种五彩斑斓的民俗文化：除夕门上贴春联与"福"字，破五"送穷出门"，上元节张灯祭门，清明门插柳，蚕月昼闭门，端午门悬艾菖，七月半门上挂麻谷，茱萸酒洒重阳门，冬至门上糯米圆……人们对门的种种功用并沿着岁时，将这么多文化信息寄托在门楣、门扇上，增添了一道又一道门前风景，给寻访门文化的今人细细品味。

门庭若市，庭院深深深几许，一道道门后，蕴藏的是中国传统文化的博大精深，婉转、含蓄，内敛中彰显着浓郁的书香文化气质，寄托着人们对未来美好生活的憧憬和向往。

正商地产品质提升把门作为升级改造的起点。当门的守候成为一种身份的体现，它的组成必然傲然居上。正商东方港湾、正商铂钻、正商书香华府、正商新蓝钻、正商红河谷、正商玉兰谷，呈现出大面积的品质社区升级样板，从单元门再到入户门，一处处平仄有序的大理石地面走廊，渗透着建筑品质的高贵与奢华，从智能化栅栏式入门道闸到地下车库和电梯升控直接入户，人性化智能灯温馨相伴左右，每一道身份识别都给人以安全、舒适、省心的品质示范体验，生活的便捷与身份的尊贵在此完美融合。

和正商业主交谈，让人感受最深的，就是广大业主的生活习惯及观念发生了新的改变。地上的垃圾少了；越来越多的业主开始自觉行动起来，维护社区环境成为一种生活新风尚，每个人的言行举止，举手投足，都给人以亲切和体贴入微的关怀，温暖在每个人的心中生

根发芽，并开出了美丽的花，皮影戏、观影节等各种丰富多彩的社区品质提升公益活动频繁亮相；给业主生活带来了蓬勃生机，社区公共休闲场所的欢声笑语多了起来。

"每当看到正商地产集团的人对社区的细节不断地修改完善，每当看到社区内保洁在一丝不苟地打扫，每当看到烈日下保安给咱敬的标准礼，心里就非常触动，我作为生活在这样一个社区的人，怎能不注意自己的一言一行，毕竟，社区是咱共同的家。"正商新蓝钻的业主丁先生这样对记者坦言。

### 门外有风云，门里生活阅春夏秋冬

门，是家与世界连接的纽带，可以说，万物之初从门开始，古往今来，民俗流传甚广的"出门在外"就喻示着人们对家的情感依赖与生俱来。门上的雕刻装饰和色彩处理，都在不同程度上表现了不同区域城市的建筑文化风格。

门，总是引人注意的。正商地产品质提升把门作为升级改造的重点之一来抓，其实是为正商社区业主营造一种安全保障，是品质提升服务体验的一种承诺标本，为了让居住其中的业主身心感受到门的服务价值，正商地产对正商四月天、正商世纪港湾、正商颍河港湾、正商明钻、正商蔚蓝港湾、正商东方港湾、正商蓝钻、正商幸福港湾等十余所新、老社区的单元门、防火门、入户门等统一实施标准化品质升级改造。

针对社区大门、单元门、入户门设立多重智能化一卡通出入安防系统，所有入户门全部更换为刷卡进入，使用更加方便快捷，同时保护了客户的隐私，高端定制智能密码锁，上班不怕忘记带钥匙，避免了因丢失或被盗窃带来的烦恼。防火闭门器及锁具选取与国内一流品牌供应商合作，锁芯更耐久，把手更安全，更方便业主使用。正商地产为实现每位业主对品质的不懈追求，对每一个细节都精雕细琢，最大程度保障了小区的安全和舒适度。

门，是正商地产倡导绿色、低碳、环保、智能化高端社区生活品位的服务标签。代表着一个人乃至一个家庭的生活层次。正商对门的材质选用标准极其苛刻，始于其对业主舒适生活的责任保障。一切从源头抓起，工程前期即高标准建设，这样后期的物业维修少了，成本降低了，物业服务品质提升自然顺理成章。

不断超越平凡，超越自我，正商对品质不断追求，才创造出了一个个社区标杆。正商地产集团，品质生活到永远，不仅仅是开发商对建筑、对服务的不断追求，更是正商业主对新生活、社区新风尚的人文诉求。

刊载于 2014 年 9 月 3 日《大河报》

正商河峪洲实景图

# 责任正商 心系教育襄善举

● 李飞

**核心提示**：2014 年 8 月 15 日，正商地产投资兴建的信阳市第三小学正商学校捐赠交付揭牌仪式在该校隆重举行。这已是正商地产修建的第四所学校。正商地产成立二十余年来始终保持如火如荼的发展势头，这与其致力社会公益事业的责任理念息息相关！

### 有一种责任，叫传承

2014 年 8 月 15 日，正商地产投资兴建的信阳市第三小学正商学校捐赠交付揭牌仪式在该校隆重举行。这是正商地产在品质提升路上迈出的又一坚实步伐，正商地产多年来投身公益教育事业，孜孜不倦，这是对文化教育事业的关注，更是对中国慈善文明的继承。

谈到"公益"，中国自古以来就有"慈善"的传统，西周时期，有抚恤灾贫救济老弱的地官司徒；南朝的慈善机构叫"六疾馆"；唐代有布施贫病孤老的"悲田养病坊"……慈善作为一种文明，伴随历史前进的脚步也逐渐演变成更具社会支撑意义的公益。然而与古代简单的财物赠与不同，今天的公益事业更多的是一种精神文明的接力，社会正能量的传递，是品质生活人群对美好生活的执着追求。

地产行业作为中国经济的支柱性产业，发挥着举足轻重的作用，地产界的公益行动无疑会对社会的公益事业起引导作用。这种行动，已不是简单地出于做好事的动机，它更是在承担一种社会责任，利用公益去建立、维护人与人之间的一种更加和谐的社会关系。

孩子，是祖国的未来，教育关系民生。正商地产作为中原地产界的区域龙头品牌，始终秉承责任正商的信念，以身作则，以提升品质生活、改善人居环境为企业根本，在努力发展壮大的同时，不忘回馈社会，竭诚服务众多家庭，尤其关注孩子的教育成长。

信阳市第三小学正商学校的建成交付，必将大大改善区域内孩子上学的教学环境，对提高该区整体教学质量、实现信阳教育统筹的高速发展具有深远的社会意义，有利于实现区域教育均衡发展，标志着正商地产社区品质提升战略更进一步。

正商地产，以教育播种未来，以责任改变城市，在品质提升年，正商教育地产的品牌公信力势必在地产界产生示范裂变效应！

**有一种脚步，叫善行**

公益为需要帮助的人带来关怀，教育为更多文明家庭播种希望，也给更多徘徊在边缘化与城中村的外来家庭建立了教育保障，给孩子输入了坚定的信仰，建立了正确的价值观。多年来，正商地产在致力于改善人居环境，提升品质生活的同时，倾力助推城市公益教育事业，以高度的社会责任感，一点一滴地铸造着正商卓越的品牌影响力。

信阳市第三小学正商学校的建成是正商地产品牌助力教育的又一善举。据悉，2009年正商地产投巨资兴建郑州管城区港湾路小学，无偿捐献给政府，成为郑州市第一家将一所学校捐赠政府的地产民营企业。2014年5月，一个月内，正商地产旗下三个社区：正商银莺路中小学、正商红河谷中小学、正商花语里秦岭中学，三所公办学校联动开建，成为政府热切关注、社会各界广为传颂的教育佳话。

教育的今天攸关社会的明天，正商地产深谙此道，每一所学校的建立不仅是对正商旗下社区生活配套的完善，更是对省会城市片区功能化教育资源的优化和升级。这一所所学校的建成，不仅有效提升了社区的文化氛围，解决了很多家庭孩子上学难的问题，也为政府创建文明社区，提升城市文化定位做出了显著贡献。

除此之外，为了优化郑州市东南片区的教学资源，正商地产还对郑州市六十三中学实施巨额捐赠，大大改善了六十三中学的教育条件；在2011年与2013年，正商地产为河南大学捐赠教育基金100万元，成立河南大学正商奖学金，很多学习成绩优异，家庭经济条件贫困的优秀大学生获得了及时捐助，为社会培养了一批有生力量；在2014年7月，正商地产还携手大河网举办的"爱心课堂，欢乐暑期"活动进入信阳固始县贫困山区，为留守儿童送温暖，并以此呼吁社会各界关注教育、关注留守儿童。

授人玫瑰，手有余香。一家品牌企业的成长与这个社会的文化发展息息相关，正商地产在中原诞生，始终秉承为优秀人群创造品质生活的企业使命，立足中原，走向全国，在屡创荣誉的同时，不忘回馈社会，正商地产在用行动说话，用慈善传承大爱与感动，这是正商地产品质立企、践行责任的有力见证。我们期待正商地产为更多家庭建造出更好的品质生活社区。

刊载于 2014 年 9 月 17 日《大河报》

# 构建文苑社区服务样板

● 李志鹏

**核心提示**：2014年10月底，正商铂钻一期交付，预示着正商地产品质生活样板社区全面开启。这对于正商业主、正商地产、正商物业而言，具有非同寻常的意义。

2014年正商品质提升风暴如火如荼地开展，10个多月以来，正商地产新老社区服务品质有了新的改变，20余万新老业主生活习惯及消费观念发生了明显变化，一系列掷地有声的整改升级举措赢得了社会各界的盛赞和好评，正商地产品牌价值如春雨润无声般注入人们的心田，口碑传播深入人心。而以正商铂钻为首的景观样板社区，从源头抓起，将社区优质服务品质融入到点滴细节，正以一种前所未有的品牌价值效应引发业主及社会的强烈关注和普遍尊重。

## 精心设计打造片区品质生活标杆

如果说园林绿化被称作城市之肺，那么社区绿化就是提升城市人居的呼吸道，居民社区应当是城市人与自然和谐共处的温馨港湾。10月11日，记者与即将入驻正商铂钻社区的杨女士进行了倾心长谈，她说："快要搬新家了！我们全家前几天专门到正商铂钻文苑社区实地看了一下，感觉做得确实比较精细，社区规划比较合理、自然，适合高端家庭的居住，植被色彩丰富，花、草、树木种植搭配错落有致，建筑与水系相得益彰，深得庭院式中式建筑文化精髓；楼与楼之间的格局深入浅出，显得极有层次感；老人与孩子娱乐设施动静分离，走进社区，满院的玉兰、樱花、百日红浓郁绽放，把整个社区装扮得香飘四溢、四季如春；组团景观设计秩序井然，起伏的地势景观营造增加了居住者的视觉层次感，很有些游苏州园林的感觉！"

"正商铂钻为了给业主创造实实在在的归属感，可是花费了大气力。"正商地产景观中心吴杰对记者说："郑州市区里稀有的银杏、香樟等南方名贵树种，在正商铂钻举目可见，一颗香樟树价格高达十几万，而且种植技术也十分不易，为此，正商聘请专业的园林'人员'进行专门养护，保证高贵气派而又不失温馨的社区庄园氛围永久延续。"

正商铂钻将景观与建筑风格有机融合在一起，特色水景、喷泉步道、实木廊庭、大面积花岗岩精致铺装连接各个不同风格的生活庭院，将宫廷景观的归属感、花园景观的情调感、田园景观的休闲感紧密结合在一起，为业主创造了一个心灵回归自然的人文乐园。

### "高配"物业体验高端社区服务标准

当前，物业服务已成为衡量一个小区品质服务的重要因素。作为一个品质样板生活社区，必须有成熟、贴心的物业团队做支撑。正商物业经过一年的品质提升运动，已发生了根本变化，在安全、环境维护方面的自我要求上更极尽苛刻，为的是给业主打造一个温暖、舒适的家。

正商铂钻社区5号楼的张女士对记者说："干净整洁是我进入这个小区最直观的感受。据我了解，正商地产矢志把铂钻社区作为品质提升服务的样板示范区来做，在保证社区硬件建设与国内一线品牌保持一致的基础上，引入国际物管专家全球五大行之一的戴德梁行物业服务理念，在特色服务方面下狠功夫，对保安、保洁、维修、园艺工等社区服务人员都进行了严格的系统化专业培训，实行上岗实名制一对一管家式物业服务，每一户列出20余项服务细则，每天派专人进行监督巡查，公共设施的清洁每天达4次以上，园区的椅子用手随时擦拭都粘不到灰尘。"

正商铂钻物业管理处贾经理表示："正商铂钻一期马上就要交房了，为方便业主，物业管理处会准备小推车为大家搬运行李，平时，若是有业主结婚等活动，物业也会尽其所能进行协助，比如在小区铺设红地毯等，让业主全面体验高端物管专家的优质服务标准。"

值得一提的是，在正商铂钻交房当天，正商智能社区应用平台"小区管家"社区生活服务理念面向社会正式开放，小区管家智能服务平台将提供智能家居、信息查询、在线报修、智能摄像头等便捷服务，有了这些服务，社区生活会更方便。

### 人文关怀彰显品牌社区服务价值

百善孝为先，孝是传承中华民族精神信仰的核心价值，《诗经》中有这么一段话："父兮生我，母兮鞠我，抚我蓄我，长我育我，顾我复我，出入腹我。欲报之德，昊天罔极。"正商铂钻社区把"孝道"文化摆到社区景观建筑设计首位，公共设施以老人和孩子动静分离的情趣化生活为建筑基点，运用先进的现代物业服务管理模式，使之成为城市品质生活社区的建筑"标本"。

每个单元门口贴心的无障碍通道，儿童乐园的塑胶地坪，管家式的物业服务等，都是正商铂钻从量变到质变，追求细节人文服务的重要体现。基于此，也标志着正商地产的品质生活服务理念进入了一个全新的发展阶段。

在这个阶段，正商集十余年住宅开发的深厚经验，以践行责任、回报社会的企业追求目标，将品质生活融进社区文明建设的血液，打造出一种全新的文化生活氛围，我们希冀，不久的将来，正商地产品质生活势必会成为一种符号，为现代文明城市品质生活代言。

刊载于 2014 年 10 月 15 日《大河报》

正商铂钻实景图

# 中原人居新典范

● 袁瑞青

**核心提示**：目前郑州智慧社区并不少见，但发展程度却各有差异。正商地产在一年的品质提升运动中，以社区群众的幸福感为出发点，不断优化自己的数字化管理体系，具体内容包括物业管理、小区管理、业委会选举、邻里互动、家居安防、生活服务、日用采购等。其以深耕精神将智慧化进程不断推进，为社区百姓提供便利，加快和谐社区建设，客观上推动了中原智慧城市建设的加速发展。

**高级别安防保障　智慧化安全理念**

正商智慧社区的打造，在小区的安全上表现为管理更为数字化、精细化、规范化。在各社区安装一卡通，电梯梯控，安装电子眼、电子围栏等措施，运用数字化管理，坚定切实地维护社区安全。

业主杨女士告诉我们："电子围栏、楼梯刷卡等都是很实用性的措施。平常年轻人都上班去了，小区里面剩下的只有老人与小孩，他们的安全谁来负责？一卡通实施、电子围栏实施以后，闲杂人等都规避掉了，没有贴小广告的了，没有搞推销的了……社区里面清静安心了很多，年轻人出去工作也放心了。"

**电子平台入驻社区　引领和谐社区构建**

服务电子化是智慧社区建设的重中之重，它借助高科技引领家居生活进入一个全新的物业服务管理时代，让居民的生活更加方便，让社区也更加和谐。正商集此大成的便是小区管家、小区微信服务平台的建设。

小区管家是集物业沟通、业主互动、商家优惠、实名认证和园区生活服务于一体的软件平台，提供智能家居、信息查询、在线报修、智能摄像头等便捷服务。业主张先生表示："这款手机应用非常适合我这样的懒人，像水电费、燃气费、有线电视收视费，都可以在线缴纳。当然，周六日在家，叫鲜花、外卖，也可以在社区商家那里得到送货上门的服务。同时如果只有老人和孩子在家，通过智能摄像头还可以随时了解家里情况，让我在外也放心不少。"

同时，正商东方港湾开通的微信服务平台让服务更加人性化。此微信平台由物业中心发起，小区每户一人加入，构成一个庞大的社区网。

**以爱心为基 至臻社区服务**

虽然正商在智慧社区的构建上已位居中原房地产行业的前列，但正如正商"品质生活到永远"的承诺，正商以深耕行动对品质提升不断进行深化。所以正商还借鉴其他行业先进的服务理念，至臻社区服务。

业内人士称，采用智能化系统管理和服务，是物业管理的创新模式，这将大大地提升物业管理企业的品牌价值和影响力，给住户带来全新的生活体验，让品牌产生更大的价值。但归根到底还是从业主的需求出发，不可为智慧化而智慧化。

智慧社区为住户提供了一种安全、舒适、方便、快捷和开放的智能化、信息化空间。它不仅成为一个城市或开发企业经济实力和科技水平的综合标志之一，也是人类社会住宅发展的必然趋势。正商地产作为中原地产界的翘楚，一直以"绿色人居，致敬中原"对郑州这座城市反哺，她正以一种高瞻远瞩的目光与不断进取的精神，为智慧城市打好坚实的基础，建设最美正商，最美人居，最美郑州！

刊载于 2014 年 11 月 5 日《大河报》

# 成就孩子

● 袁瑞青

**核心提示**：孩子是祖国的未来，也是一个家庭幸福延展的根脉。曾经"幼儿园为主、家庭为辅的幼儿教育体系"已经向"家庭—幼儿园—社区一体化"的教育格局转换。

正商地产正不遗余力发挥自己的作用，以人文情怀关爱孩子的健康成长，譬如社区环境的优美，设施的安全，社区儿童活动举办的，宝贝安全手册的建立等等，这些都为孩子的生理和心理的成长提供了沃土。让基础教育在家庭、社区和学校三方有机穿插，学校就是家，家就是学校——这正是正商地产持续打造的社区文化服务口碑。

## 绿色人居 自由成长

让孩子在小区里就能看到春华秋实、夏雨冬雪，于四季美景中陶冶美的情操。有调查显示，生活在宁静、清幽环境中的孩子智力优秀、智商较高，相反，噪声充斥则是智力开发的障碍。

如果周边的环境使孩子感到十分的舒适，那么，好奇心会促使他们去冒险，去发现与探索其余的新鲜事物。正商注重园林景观的打造，正商园林景观设计中心的负责人对记者这样表示，早在 2003 年，正商金色港湾第一个引进了坡地景观设计理念，采用景观组团的形式开创了中原景观社区的先河，成为迄今为止郑州市民津津乐道的社区景观样板佳话。

住在正商双湖湾的王女士表示："徐徐的微风，波光粼粼的湖水，跳跃在叶子上的阳光……这正是大自然带给我们的那种悠然自得、沉静、舒适的感觉，源源不断地融进我们的生命中，培养了孩子自然的气质。"

## 人文氛围 成就未来

如果说自然给了孩子沉稳的心境，那么浓厚的人文气息则开启孩子的心智成长。提到优雅人文氛围，不得不提龙子湖区域，随着 15 所高校、22 万师生的陆续入住，龙子湖高校园区已初成规模，正商地产已拿下数块地，目前正商铂钻、正商书香华府等住宅项目已成规模，层次错落的植被美景、浓浓的书香气息，寄托了人们对于美好生活的所有向往。

面对记者采访，刚搬进正商铂钻居住的殷先生笑脸灿烂："搬了三次家，终于为我儿子找到了一个好的住所。小区安全静谧，四季草木葱茏，健身设施齐备，左邻右舍熟识，周围有多所重点大学，文化气息浓郁，儿子可以与小伙伴一起尽情地在院子里撒野，在图书室里学习，我相信，这样的居住环境对儿子的健康成长是有好处的。"

同时，完善的社区管理制度，也是品质服务的人性化之举，正商品质提升，在细节处改造，避免意外的发生，比如道路标志、池塘水深危险标志……从小处着手处处体现对孩子的关爱。

### 心系教育 光扬大爱

正商地产在努力发展壮大的同时，不忘回馈社会，竭诚服务众多家庭，将更多爱心回馈社会，尤其在孩子的教育成长方面，更是不遗余力，全身心奉献。

2014年，信阳市第三小学正商学校建成交付，大大改善了区域内孩子上学的教学环境，标志着正商地产社区品质提升战略更进一步。据悉，2009年，正商地产投巨资兴建的郑州管城区港湾路小学，无偿捐献给政府，成为郑州市第一家将一所学校捐赠政府的地产民营企业。2014年5月份，一个月内，正商地产旗下三个社区：正商银莺路中小学、正商红河谷中小学、正商花语里秦岭中学，三所公办学校同期开建，成为政府热切关注、社会各界广为传颂的教育地产良好口碑。

除此之外，正商地产还捐巨款为教育奉献。例如，2011～2013年，正商地产分别为河南大学捐赠教育基金100万元，成立河南大学正商奖学金，很多学习成绩优异、家庭经济条件贫困的优秀大学生获得了捐助。

孩子是种子，优美的环境就是为孩子提供适合其生长的土壤和条件，良好的教育就是播洒阳光雨露，正商地产以博爱之姿，承担起大企业的社会责任，帮助孩子在这个丰富多彩的世界上获得幸福，活出自己的精彩；为孩子美好的未来铺平道路，为更多家庭建造出更好的品质生活社区。

刊载于 2014 年 11 月 19 日《大河报》

# 会呼吸的房子

● 李志鹏

**核心提示：** 海南成为中原人心中的一方精神乐土。随着中国老龄化社会的快速演变，能够在富有人间大堂美誉的海南乐园安享幸福晚年，不失为现代家庭的一种智慧选择。

此次海南正商红椰湾携手河南省生命关怀协会联袂举办的这场"生命关怀，走进健康"养生公益讲座，即是中原房地产业向老年健康产业涉足的一次绝佳亮相。我们深信，这种抚慰老人生命健康的养生社区名片，也一定能够受到广大中老年朋友的喜爱和信赖。

2015年7月18日，海南正商红椰湾项目携手河南省生命关怀协会联合举办的"生命关怀，走进健康"公益养生专题讲座活动在河南省老干部康复医院圆满举行。河南省老干部局原副局长胡秀时，河南中医药大学一附院原院长袁海波，郑州市第二化工厂原党委书记刘英才等生命关怀协会的主要成员100余人参加了此次活动。

会上，河南中医药大学一附院原院长袁海波详细讲解了中医药冠心病的发病症状及预防和医疗养生方法，袁院长的专题讲座深入浅出，通俗易懂，老人们听得津津乐道，受益匪浅。

接着，海南正商红椰湾项目营销部相关负责人向各位嘉宾重点介绍了海南文昌独特的东海岸美景、风土人情及项目完善的社区生活配套；同时，他声情并茂地对现场嘉宾讲解了海南红椰湾的海景度假生活体验：这里能够尽情品尝营养丰富、口感鲜美的海鲜，在和煦海风吹拂下，可以踩在细腻的沙滩上，迎着暖暖的夕阳余晖温情地散步；闭上眼睛，深呼吸，不经意间还能拾到硕大无比的海星；一望无际的红椰林氤氲着纯净的天然养生乐园；社区公共食堂内弥漫着味道纯正的烩面、包子、油条、胡辣汤、小米粥等浓郁的乡土气息，居民一张嘴就来一口地道的河南话，让人没有丝毫陌生感。

被称为"抗癌"奇迹的刘英才老人激动地跑上讲台，向到会嘉宾讲起了他在海南文昌的"生活经"，他说：1982年4月被当时的河南医科大学一附院确诊为膀胱癌，时年47岁，灾难不期而至，和大多数人一样，他被这突如其来的不幸震住了，对生活的眷恋及对妻儿的疼惜使他四处求医，尽力寻取一线生机。同年6月，经一位老中医师介绍迷上了气功，从1987年至今，每年都背着绿豆、小米等杂粮到海南岛上居住一段日子，在岛上练气功呼吸自如，空气清新，神清气爽。

现在，精神矍铄、满头银发、已80岁高龄的刘英才老人长期居住在海南文昌，尽情享受着"面朝大海，春暖花开"的晚年时光。老人的神奇经历和养生之道让在场诸多癌症病患老人大呼要到海南文昌去，找一片乐土，安下心来，让生命继续。

据悉，本次公益专题讲座是海南正商红椰湾秉承"健康、关怀、养生、快乐"的人居生活服务理念，围绕老人这一特殊群体持续展开的系列专题活动之一。同时，河南省生命关怀协会作为这一活动的协办者，将携同1000余名成员奔赴河南洛阳、开封、安阳、信阳、南阳等地市级城市重点推广。

生命关怀协会是由河南省老干部疗养中心自发成立的一支老年关怀组织，该团体以河南省老干部康复医院为活动基地，核心成员均由省厅局级退休老干部担任，他们发挥个人专长，为社会传播正能量，奉献爱心，并以"生命关怀走进健康"为活动主题，成立老年文化艺术团，先后走进河南省女子监狱、河南省戒毒中心、河南省慈善总会、河南省肿瘤医院等单位慰问演出，用自己的生命经历播洒一曲曲社会精神文明赞歌。

海南正商红椰湾项目是中原房地产行业龙头品牌——正商地产为中原人在海南精心打造的人居生活样板。项目位于海南省文昌市高隆湾旅游区，两面环海，周边椰树林立，交通便利，生活配套完善，目前52㎡～100㎡精装空间实景现房发售，运用管家式物管方式，打造纯正中原人养老休闲度假生活社区。

刊载于2015年7月22日《大河报》

# 丹青名家聚善水

● 孙煊哲

**核心提示：** 2016 年 12 月 23 日上午，正商善水上境艺品会创作基地暨大师藏品展出活动在正商善水上境售楼中心圆满落幕。本次活动由正商地产与河南日报报业集团的《大河美术》编辑部联合主办，河南日报报业集团党委委员、副社长高金光先生，正商地产副总裁张国强先生以及河南恒辉房地产顾问有限公司董事长孙辉先生亲临现场，为书画爱好者提供了一场笔墨流畅、妙趣横生的视觉盛宴。

### 名家聚集 笔墨争辉

当天上午 9 时许，在美妙的古筝演奏中，河南省文联名誉主席、河南省美术家协会名誉主席、中国国家画院研究员马国强，河南省文联副主席、河南省美术家协会副主席张剑锋，河南省文联副主席、河南省美术家协会主席刘杰，河南省书法家协会副主席云平，河南省书法家协会副主席、河南书画院院长李强，河南省美术家协会副主席李明，河南省美术家协会副主席李健强，河南省美术家协会副主席连俊洲，河南省书法家协会顾问司马武当，中国书法家协会学术委员会委员西中文陆续抵达现场，可谓中原书画名家汇聚一堂。

活动伊始，正商地产副总裁张国强先生，河南日报报业集团党委委员、副社长高金光先生先后对到访来宾表示欢迎。正商地产副总裁张国强先生在发言中表示，此次艺品会创作基地的开放，是中原地产界、文化界又一大盛事，开创了省内文化艺术和地产企业合作的先河，今后善水上境不仅是正商项目的展示中心，还是中原文化的交流中心、书法名家沙龙所在地。

随后，书画大师代表马国强先生上台发言，对本次合作进行了充分的肯定，感谢正商善水上境为中原艺术家提供了创作及展示的基地，同时也为书画艺术爱好者创造了一个近距离欣赏、接触名家名作的平台。

仪式活动后，嘉宾移步善水上境售楼中心二楼，共同欣赏书画名师的现场创作。随之名家进入到创作区，艺术大师更是现场为善水上境艺品会活动题词，"家礼明德""水映四象"等一幅幅书法作品，笔走龙蛇相继诞生。活动过程中，由马国强、刘杰、李明、李健强、连俊洲五位大师合画的《松风鸣涧图》经过两个多小时才创作完成，艺术家精湛的笔法引

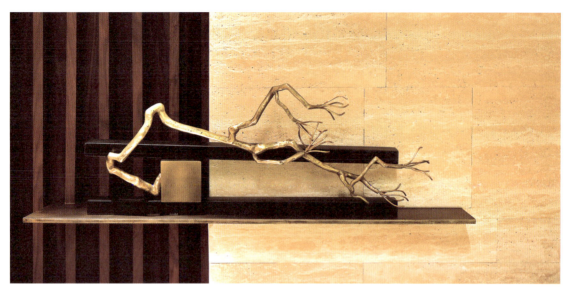

正商善水上境实景图

来了现场嘉宾连连称赞，在回味与不舍中，整场活动落下了帷幕。

**精雕细琢 品质之作**

善水上境作为正商地产的战略转型之作，项目在传承传统文化及发扬人文精神的同时，始终坚持品质生活到永远的企业理念。善水上境由正商董事长张敬国先生亲自命名，澳大利亚柏涛公司担任总设计规划，国际知名空间设计公司——梁志天设计师有限公司负责高层装修设计，"世界五大行"之一的高力国际担任物业顾问，精细化中原大宅配置，让市场看到了正商品质升级的坚持与决心。同时，项目从细节出发，承建环绕大宅的百亩双公园，营造亲水城市桃源生活；约7.5米宽高层横厅设计，享受"水光潋艳晴方好"的宽阔水景体验；而800米的塑胶跑道、会所恒温游泳池、户户专属智能收发件箱、智能访客车位等细节的雕琢，更是提升了双河双园大宅的生活质感。

正商善水上境，作为正商地产22年的品质升级之作，以雕琢艺术品的态度创作建筑，打造中原人的亲水传世大宅。

刊载于2016年12月26日《大河报》

# 是金子就一定让你在正商发光

● 吴俊池

**核心提示：**2017 年 4 月 2 日，为着力实现"建造高品质、服务高品质、配套高品质"战略目标，让每一位正商人深入理解高品质建设的真实内涵，掌握其精神实质，以更好地结合各自工作，在实际工作中贯彻落实，提升执行力，一场紧紧围绕"让每一个正商人在高品质建设中发挥光和热"为主题的演讲比赛（决赛）在正商地产总部激情上演。正商地产经理级以上人员、专业技术职务人员及 2016 年 10 月 1 日后入职员工、异地人员等 300 余人参加了比赛。

## 重在细节 在工作中实践高品质

本次演讲比赛共分为初赛和决赛，35 人经过初赛后，有 11 名优秀选手进入决赛。这些选手分别来自正商行政人事中心、财务中心、运营与工程管理中心、营销中心、招采与造价中心、研发与标准化中心、正商物业、兴业物联等多个岗位。

比赛现场，11 名优秀选手结合自身工作实践，紧扣演讲主题"高品质建设"，结合亲身经历，形象生动地介绍了各自对"高品质建设"的理解和实践，引来阵阵掌声。

来自正商物业的田森以"关键在做，重在持续"为演讲主题，通过亲身体验，生动讲述了一个普通物业人对"高品质建设"的感同身受和深刻理解。他说："在正商的企业管理哲学里，品质是企业发展的基石，不只是停留在表面，而是体现在每一个社区的每一处细节上，每一处物业管理的每一次微小关怀上。"他吐字清晰、感情真实、表达流畅、具有感染力的演讲赢得了广泛好评，获得了本次演讲比赛的冠军。

经过现场评委认真打分，来自正商物业的田森摘得桂冠；来自正商物业的贺子娟、兴业物联的孙梦可捧得二等奖；来自兴业物联的齐雪、正商行政人事中心的李革辉、正商营销中心品牌部的邓云获得三等奖；来自东片区公司的程跃武、运营与工程管理中心的李胜凡、财务中心的郝仲明、招采与造价中心的胡风雨、研发与标准化中心的李娇荣获优秀奖。

## 不忘初心 持续推动高品质建设

比赛之后，现场评委进行了精彩点评。正商地产总裁助理马暄指出，这次演讲，各位选手讲都很好，希望大家继续深入了解正商，深入了解正商近年来在高品质建设方面所采取的重大举措和显著成果，以更好地推动今后的工作。

正商地产副总裁王金虎对这次充满着正能量的演讲比赛非常赞赏，他说，从这些选手的演讲内容来看，大家都提前做了功课，非常用心，特别是来自物业方面的选手，不仅工作做得好，演讲内容也很有激情。

正商地产副总裁周学东对本次演讲比赛给予充分肯定，并希望行政人事中心以后多举办这样具有正能量和凝聚力的活动，把正商的高品质建设理解透、实践好、传播好。

不忘初心，方得始终。对产品精雕细琢，坚守工匠精神，对于生于斯、长于斯、发轫于斯、发展、壮大于斯的正商地产来讲，以客户服务为中心，24年如一日，深耕郑州，立足中原，布局全国，兢兢业业，连续五年销售额在郑州市场排名第一。2016年，正商地产全年销售额261.2亿元，同比增长95%，稳居河南第一。2017年3月22日，在北京召开的"2017中国房地产500强测评结果发布会暨500强峰会"上，正商地产凭借优异的销售业绩和迅猛的发展速度，荣获"2017中国房地产开发企业50强"和"2017中国房地产开发企业成长速度10强"两项大奖，从全国房企实力比拼的角逐战中脱颖而出。🔝

刊载于2017年4月3日《大河报》

# 善水上境 世界名品荟萃

● 孙煊哲

**核心提示:** 2017 年 4 月 28 日,多家媒体受邀参观了正商善水上境项目的品牌样板区和清水样板间。原本是一次普通的参观活动,却让所有人惊叹不已,精装房能奢华至此,整个河南无出其右。国际品牌云集,善水上境将重新定义郑州北龙湖区域高端住宅新标准:一套房里容纳了瑞士劳芬、德国博世、法国罗格朗、德国汉斯格雅、美国爱适易、意大利迪瑞、美国霍尼韦尔、日本大金等超过 9 个国家、20 多个各领域的国际顶尖品牌。"这样的配置,就是在北京、上海的豪宅也不多见,简直是不计成本。"有媒体人员如是说。

## 硬件装备不计成本

善水上境是正商地产的战略转型、品质升级之作,也是首个高端项目。正商不惜人力、物力、时间成本,董事长张敬国先生亲自直管,聘请澳大利亚柏涛公司负责项目整体设计。同时,善水上境携手香港梁志天团队,一手打造项目高层以及公共区域的内部精装设计,努力践行"品质生活到永远"的企业宣言。

活动当天,正商地产总规划师王继华先生带领大家参观了高层精装修交付标准,该标准堪称世界顶级配置。

善水上境入户门选用意大利顶级品牌迪瑞,项目定制约 900 多套外铜内木装甲门,外观雍容大气,尊贵气息凸显。该门配套使用的指纹、密码、刷卡、钥匙四种开启方式合一的智能门锁每套价值约 2 万元,而这扇门市场售价近 20 万元。

系统窗也是重头戏,善水上境选中德国品牌旭格。这种三层中空系统窗户是高精级、高强度铝合金与独特隔热条的完美结合,全隐藏式五金,美观大方,隔热、隔水、隔音性能优越,保证了居室空间的宁静与舒适。

在石材方面,善水上境也是优中选优。"我们项目使用的石材,很多是进口的天然石材,每块都是世界上独一无二的。"王继华先生介绍。

## 奢华厨卫女王级享受

在善水上境的厨房里,大功率吸油烟机、燃气灶,全都来自德国博世。此外,还有德国嘉格纳洗碗机、美国爱适易食物垃圾处理器。值得一提的是,项目配备的分户净水系统来自美国滨特尔，它是世界上最大的专业水处理设备品牌，美国白宫、英国白金汉宫、北京钓鱼台均有配备。

为了让厨房达到整体的统一性，设计师决定让全部厨电都内嵌式安装，橱柜则是全部原装的意大利品牌威乃达。为了避免业主后期选购冰箱麻烦，善水上境决定额外赠送一台德国原装进口的博世嵌入式冰箱，价值近3万元。

而在卫生间里，正商更是将奢华进行到底。三个卫生间里全部配备世界顶级品牌——德国汉斯格雅花洒，它被誉为"花洒之母"，是五星级酒店专用品牌，每套价值近4万元。

此外，所有卫生间全部采用瑞士劳芬一体式智能马桶，让每个房间的人都能享受跟女王一样的待遇。光是马桶，每一套房的零售总价就得近20万元。

**精工建造表里如一**

精装修房频频遭遇维权的背景下，正商善水上境如一股清流，搅动了整个中原地产。一些深谙成本造价的工程人员也直呼看不懂：很多楼盘都是把装修当成项目盈利大头，但正商这种每平方米在万元上下的装修成本，几乎突破了成本底线，何来盈利？

其实，这正是正商地产在张敬国董事长带领下，这些年狠抓品质的一大例证。为了品质，可以不惜成本，为了业主居住舒适，同样可以不惜成本。在品质和安全前面，成本无条件让步。

正商是这样说的，也是这样做的。除了外在硬件配置，在建筑施工方面，正商也是不遗余力地追求高品质。活动当天，众媒体及嘉宾在工作人员的带领下参观清水样板间。从结构墙的浇筑到水电槽的安装，再到墙面的粉刷以及地暖、屋面的铺设等，通过第一展示区至第九展示区的9重工序样板，把房子建造的全过程进行逐一解剖。每套房子均配备日本大金中央空调、进口材料地暖以及美国有132年历史的老字号霍尼韦尔新风系统。

"善水上境不仅'外表'设备极尽奢华，内在建造也是用料十足，这在整个河南都不多见。"正商严谨的工序、精湛的工艺呈现出的内在美，令在场媒体称赞不已。

从善水上境国际品牌展示，我们可以看出，这都源自一家企业强烈的社会责任和历史使命感。不仅为客户创造了具有国际标准的生活价值，更重要的是引入一种诚信标签，引领一种生活方式和消费形态。这是正商定义郑州高端住宅，对标国际顶端科技，顺应国家中心城市定位的价值体现。🔛

刊载于2017年5月3日《大河报》

# 健康生活的领跑者

● 孙煊哲

**核心提示：** 2017"正商杯"马拉松赛在巩义鸣枪开跑，此次比赛以中原西路作为比赛的"绿色通道"，连通郑州和巩义两地，为更多热爱马拉松运动的爱好者提供平台，传递健康乐跑的生活理念。

## "正商杯"开赛在即，多类项目等你展风采

马拉松是世界上最为普及的长跑比赛项目之一，它以距离长为特点成为长跑项目中的"硬骨头"，参赛选手必须具备耐力强、体力分配准确、保证速度等特点，才能完成全程比赛，想要拿到冠军更是难上加难。

据了解，2017"正商杯"巩义马拉松比赛是巩义市和国际马拉松赛事的"第一次碰撞"，由巩义市政府主办，省体育局支持，巩义市教育体育局和巩义市总工会承办，巩义市委宣传部等单位协办。巩义市人民政府副市长刘军杰现场致辞，正商地产副总裁刘振强及南片区公司副总经理周兵出席会议。

除了长距离的全程马拉松赛事以外，此次赛事还设置有男、女半程马拉松，五公里迷你马拉松（含情侣和亲子）项目，分别适合专业选手和热爱马拉松运动的市民参与，其中五公里马拉松项目将在陇海路、紫荆路举行。

据赛事组委会介绍，本届比赛的参赛规模将达到 5000 人，其中半程马拉松项目设有1000 个参赛名额，五公里（含亲子和情侣）迷你马拉松参赛名额为 4000 个，此次赛事由河南本土知名房地产企业正商地产冠名举办，这是正商地产践行社会责任，促进全民健身、提高国民体质，提升郑州市区和巩义市区高品质人居幸福生活指数的重要举措。

## 与国际"赛事"接轨，领跑健康怡美生活

据了解，此次"正商杯"巩义马拉松赛的目的，是为了积极向大众倡导"让运动融入生活"的健康理念，向正商业主以及更多的市民传递健康的生活方式。早在几年前，正商就已经为广大业主及乐跑爱好者提供了积极、健康、有活力的"绿色骑行"社会公益活动。

2013 年 11 月，正商地产联合河南省自行车协会等单位，共同举办郑州首届 Alley Cat（野猫速递）都市骑行邀请赛，在郑州掀起了一股绿色骑行旋风，向人们传达了绿色出行、

低碳生活的环保理念，为城市居住者提供了一种健康时尚的生活方式，比赛当天有500余名骑行爱好者参与其中，尽享都市骑行的快乐风采。

2016年11月，一年一度的"2016正商物业第五届业主运动会"在正商业主的期盼中拉开帷幕，整个运动会比赛涉及拔河、跳远、羽毛球、乒乓球、三人四足等多项专业及娱乐性运动，2000余名业主在一派欢乐氛围中，感受到了运动健身的乐趣，"有邻有爱，我最精彩"的运动会理念，也深深扎根在业主的记忆里。而诸如此类的业主健康生活类活动，正商举办的还有很多。

**完善社区颐养生活配套，创造"一站式"高品质生活环境**

"仓廪实而知礼节，衣食足而知荣辱。"《管子·牧民》就曾对物质和观念的关系进行论证。

近几年来，正商地产稳坐河南本土房地产行业的"头把交椅"，在不断为业主提供超值享受的宜居生活住所的同时，率先引进全新运动新体验健康生活方式，通过业主体育运动会、绿色骑行、城市速跑马拉松赛等形式，为郑州市民及社会各界传递全民健身、倡导健康生活新理念，正商在为业主做好高品质建造、高品质服务、高品质环境配套的基础上，不断优化品牌输出，完善社区颐养生活配套，为业主创造"一站式"高品质生活环境。

有媒体调查数据表明，现代社会"城市孤独症"现状渐趋明显，有52.38%的业主希望通过加强社区圈层社交的方式，改善邻里之间的和睦相处关系，正商地产瞄准这一社会需求，为业主进行"正能量"充值，运用"全民健身"的社交运动"跑步生活"理念，转变用户思维，积极向大众传播"让运动融入生活"的健康社区生活方式。🔝

刊载于2017年9月6日《大河报》

# 文化认同　与君同行

● 吴俊池

**核心提示：** 2017 年 10 月 7 日，正商地产"重拾初心·与君同行之文化认同"辩论赛决赛在正商河峪洲销售中心举行，正商地产 400 余名员工见证此次比赛。正商地产董事长张敬国说，企业文化是企业的灵魂，任何成功的优秀企业背后，必然有一套完整的、系统的、适合公司发展的文化做支撑。正商地产能发展到今天这一步，除了坚持正确的发展战略，最重要的还是正商一直坚持的企业文化在发挥作用。

**现场选手激辩　共探企业竞争实质**

在当下房地产市场日益激烈的情况下，河南本土房地产开发企业面临前所未有的压力和竞争局势，那么房地产企业竞争的实质是企业文化的竞争，还是企业人才的竞争？

正方辩手认为，企业竞争的实质是文化的竞争，在当下房地产市场行情式微的情况下，企业文化代表着企业的形象和品质，更是房地产开发企业产品的直观体现，文化是企业竞争发展之源，人才是企业竞争发展的根本，企业文化作为企业发展过程中的指引，起着极其重要的作用，不可缺少。

反方辩手认为，没有人才的企业竞争，企业的未来发展将缺乏有力的支撑，人才是保证企业发展动力的源泉。企业想要随着市场的变化不断进步和发展，人才支撑是基础，更是企业保持长盛不衰的关键性因素。

双方辩手在自由辩论、交换陈述环节展开了激烈的争辩，一时场上气氛紧张、激烈，辩手们默契配合、冷静思考、沉着应对、唇枪舌剑，用丰富的知识和敏锐的思维碰撞出智慧的火花，展现了一场场精彩绝伦的对决，赢得了现场评委及员工的一致好评。

**不忘本职工作　辩论让理解更深刻**

早在正商 2017 年上半年年度会上，"坚持文化认同，打造优秀正商团队"的主题，就已经被确定下来，此次参加辩论的选手，更是来自正商不同部门的年轻主力。

正方最佳辩手赵怡是来自正商地产营销中心的一名置业顾问，2017 年 2 月 17 日才正式加入正商地产的团队中，入职 8 个月左右。从最初的模糊印象到如今的深入了解，"服务高品质"的正商理念，已深深地影响了她的日常工作。

赵怡介绍，正商地产具有庞大的客户群体，通过"老带新"等形式将带来很强的连续购买力，而这一切的基础是高品质服务给客户带来的极高的购房体验，"服务好每一位客户，善待每一位客户"是赵怡的工作目标。

作为置业顾问，赵怡每天工作安排十分紧凑，只有在完成工作后，晚上抽时间和队友磨合辩论的环节，"光是微信群里，就能讨论到晚上 11 点"。

来自运营与工程管理中心的张腾飞，是正商地产的一名工程品质监察员，主要负责对正商地产在建项目的工程质量进行监察，"正商在建项目较多，我们团队的工作量也非常大"。

"对我感触最深的，就是结果导向原则，"张腾飞介绍，包括他在内的 30 多名品质工程师，担负起正商地产所有项目的工程质量能否做到优质的重任，最终不管是产品还是服务，市场和消费者如何反馈，都是由结果来决定。

**文化认同是企业长足发展的源泉**

企业文化，作为企业软实力的表现，不仅是产品的自信力的表现，更是员工自豪感的凝结，是企业传承的核心。

世界 500 强企业，都有各自鲜明的企业文化，正商地产作为河南房地产开发企业的领航者，"品质生活到永远""执行力法则""结果导向法则"等企业文化深入员工内心，每天更是通过自发栏目"正商正能量"，对员工进行企业文化教育。

正商地产董事长张敬国在辩论结束后总结道，文化认同是企业生存发展之本，是企业竞争发展之源，人才是企业竞争发展之根。没有文化的企业，如无源之水，无本之木，像黑夜远航的轮船，没有了灯塔的指引，就不会有前行的动力和前进的方向；同样，没有人才的企业竞争，企业发展将如死水一潭，缺乏竞争活力；企业文化和人才都是企业保持旺盛发展的生命载体和重要保障。两者合二为一，相得益彰，企业才能走得更远。

刊载于 2017 年 10 月 11 日《大河报》

# 心至坚 行致远

●吴俊池

**核心提示：** 2017 年 10 月 29 日，正商地产 2017 年秋季运动会在正商智慧城运动场隆重举行。拔河、田径、篮球、足球、羽毛球比赛精彩纷呈，竞相展现出全体正商人青春的风采。正商人精神蓬勃，昂扬向上，更是体现了正商地产积极向上的精神风貌。

**红旗迎风飘扬正商人意气风发**

上午，正商地产副总裁王金虎、副总裁张国强、总裁助理郭伟、运营与工程管理中心总监赵维林、招采与造价中心副总监曹智锋、正商物业总经理林晓、兴业物联总经理朱杰等正商地产领导走进会场，登上观礼台，张国强副总裁代表正商地产致开幕词。

张国强说，正商地产秉承为优秀人群创造品质生活的企业使命，坚守信念，牢记企业的核心价值观，以客户服务为中心，提出了高品质建造、高品质服务、高品质配套战略实施目标，全体正商人上下一心，为实现这一企业目标奋勇向前。

而举办员工运动会，更是想让正商人树立正确的人生价值观，增强自信心，培养归属感。张国强表示，通过运动会，是为了让正商人更团结，更有凝聚力，在参与未来发展的市场竞争中，更有底气，更有主人翁意识和勇往直前的智慧和勇气。

秋风送爽，大地飘香。正商地产威武雄壮的国旗护卫队迈着整齐的步伐走过观礼台；在庄严肃穆的国歌声中，六位护卫队队员升起了国旗、党旗、正商企业旗帜。

随后，来自正商行政人事中心、财务中心、研发与标准化中心、招采与造价中心、南片区公司、南西片区公司、东片区公司、西北片区公司、正阳建设公司、正商物业、兴业物联等 17 支代表队组成 10 个方阵约 500 余人在正商智慧城 2 万多平方米的足球运动场上，统一着装、迈着整齐的步伐逐次亮相。

**比的是精气神赛的是凝聚力**

方阵归队，主持人一声令下，2017 年正商地产秋季运动会正式开始，首先开始的是最为激烈的各分片区拔河比赛。你争我夺，不分胜负，比的是精气神，赛的是团队凝聚力。最终拔河比赛冠军由南西片区和南片区代表队获得；亚军由兴业物联代表队获得；季军由东片区和西北片区代表队获得。

在绿草如茵的足球比赛场上，正商品质队和正商服务队两支球队在决赛中你来我往，争分夺秒，展现了精湛的球技和团队协作精神。田径赛百米冲刺，男女接力赛超越极限，像豹一样的速度，考验的是运动员的迅猛冲刺速度和快速交接能力。

经过激烈角逐，公平竞赛，各赛场裁判员、记分员通过综合打分，评出了各比赛项目的优胜者。

**高品质的正商人　高品质的产品配套**

一分汗水一分收获，一分耕耘一分成果。正商地产相信，是金子就一定让员工在正商发光。这既是正商地产的用人原则，更是正商人的价值准则。"正商因你而自豪，你是正商的基石，正商因你而骄傲。"

只有每一个员工积极向上、奋发拼搏，才能有一支团结向上的战斗团队，才是保证正商地产高品质产品的基础。

为办好此次运动会，正商智慧城提供了2万平方米的高品质运动场地，包含高标准的塑胶跑道、舒适专业的人工足球运动场、平整亮丽的篮球运动场等，一系列高标准、高品质、高配套的运动场配建，为运动会提供了有力的场地保证。

而这些场地作为正商智慧城项目的配套，日后将作为业主的活动场所，为正商智慧城业主提供大面积舒适、专业、美观的专业运动场所。而这只是正商智慧城多项配套的冰山一角，植物采摘园、智慧城配套公园、人文公园等多项配套，幼儿园、小学、中学等，商业及生活配套设施完善，保证了智慧城业主入住后，更加舒适便捷的生活环境。

正商智慧城项目，正是目前正商地产建设高品质、服务高品质、环境配套高品质的一个缩影，在正商地产所建设的房地产产品中，高品质配套已经成为正商地产的产品基因，深深地体现在每一处细节中。愿正商人初心不改，在高品质配套的道路上，一路坚持，走得更远。🔝

刊载于 2017 年 08 月 23 日《大河报》

# 梦中的"游泳馆"

● 吴俊池

**核心提示**：水是生命的源泉，更是人类生活的保证，从塞纳河的人文左岸右岸，到泰晤士河的街区，再到哈德逊河穿越的曼哈顿富豪住宅区，无一不以水为邻。

而对于郑州这样的北方城市，一个高品质的游泳池才是社区舒适生活的保证，更是高品质居住配套的必备条件之一。正商地产项目中，高品质的游泳池成了社区业主共享健康生活的乐园。

## 泳池配套提升社区品质

天气渐冷，室外泳池对于大多数游泳爱好者来说，较低的水温，已经无法满足游泳的需求，寻找一处舒适的泳池，成了不少游泳爱好者冬季的难题。对于正商红河谷的业主来说，高端、洁净、舒适恒温的泳池，是他们小区最值得骄傲的地方。

正商红河谷位于郑州南龙湖区域，地铁 2 号线南延线沙窝李站距离小区大门不过 50 米，交通配套无人能出其右，而高标准的社区建设和泳池配套，更让红河谷成为南龙湖片区房地产项目中的一颗璀璨明星。

张阿姨是红河谷项目的业主，每天下午三四点，能够在社区里游上那么两圈儿，是再舒服不过了，"年龄大了，激烈运动也不适合我们，游泳最能锻炼全身，游完直接洗个澡，人也精神，回家就给孙子做饭啦，时间刚好。"

和张阿姨一样，现代人居住在钢筋水泥的森林里，难得有全身锻炼的机会和空间，能够在泳池里恣意地畅游一番，无疑是现代人健康生活最热门的选择。游泳不仅是一种健康的生活方式，更是一种高端的居住体验，无论是别墅、洋房社区还是高端公寓项目，能够有一个高品质配套的泳池，不仅为项目加分不少，更为业主的健康生活提供更多的选择和服务。

## 舒适人居从高标准泳池开始

红河谷项目健身房的工作人员告诉记者，泳池是按照 15 米×25 米的非国标进行设计的，4 个赛道，泳池底部水深按照缓坡的设计，从 1.2～2.0 米不等，满足了不同游泳水平业主的需求，"泳池全年恒温保持在 29℃，无论冬夏，都能为业主提供最佳的游泳体验"。

该工作人员介绍，为保证泳池内水质的洁净，泳池内采用国际一线品牌的过滤系统，全天24小时不停歇净化，整个健身房更是采用了12组高端中央空调，保证业主游泳出水后也不会受凉而感冒，"共用拖鞋1小时消毒1次，室内整体消毒1周1次，每晚都会用'水龟'清洁泳池内壁和底部"。

目前有效办卡的业主有1000多名，其中30%是周围其他社区的居民，该工作人员介绍说，由于正商红河谷项目的恒温泳池在该片区独树一帜，舒适度、体验感以及专业化水平都达到了绝佳的程度，除了红河谷业主，更吸引了不少周围的游泳爱好者。

除此以外，健身会所中的高端器械同样为正商配备齐全后，交付专业的健身机构进行运营，购置设备费用高达数百万元，"仅是一台全进口的泰诺健跑步机，就价值六七万元"。

## 践行品质生活到永远

恒温的高品质泳池的配套，是高端生活的象征，更是目前正商地产打造品质的重要一步，红河谷、玉兰谷、书香华府等项目的高品质泳池配套同样受到了业主的热捧，业主黄先生说，不出社区大门，在社区内就能游泳锻炼、放松自己，是他选择正商和向朋友推荐的最大理由，"现在住在周围的伙计，老过来和我一块儿在泳池里面游两圈儿，比出去吃饭喝酒强多了"。

目前，正商地产布局在南龙湖区域的又一重大项目——正商智慧城，规划的游泳健身会所面积更是达到了5000㎡，而这正是正商地产为客户营造品质生活的一个缩影。正商地产从创立之初，就将品质生活铸进企业精神，"品质生活到永远"，是正商人不断奋斗的目标。

对于正商人来说，品质提升没有止境，高品质的配套，是对业主的负责，更是企业自身生存和发展的重中之重。恒温泳池的配备，是正商地产为业主提供更好生活方式的一个开始。

未来的正商地产，会将高品质配套落实到产品和服务的每一个细节，为业主提供全方位的舒适居住体验，这是正商人的信念，更是正商人的担当。

刊载于2017年11月8日《大河报》

# 一线品牌做背书 匠心铸造显真章

● 吴俊池

**核心提示：** 如果说成品房是毛坯房的"进阶产品"，那么样板间和工法展示就是住宅交付前产品效果的一个"缩影"。

2017 年 11 月 18 日，正商家河家和正商河峪洲项目样板间首次亮相，两个项目的样板区项目真正做到了匠心独具，装饰材料不仅高标准，还处处体现出以人为本的设计细节。

**一线品牌产品做背书**

11 月 18 日，正商河峪洲项目和家河家项目样板展示区亮相北区，高标准的配套和建设，让不少同行赞叹。

记者来到刚刚开放的正商河峪洲项目现场，在工法展示区，河峪洲项目所有使用的装饰材料，均采用国际、国内知名品牌，科勒的嵌入式马桶、老板的燃气套装、霍尼韦尔的新风系统、海尔的智能家居系统、摩恩的喷淋式龙头、能率的热水器、A.O. 史密斯的净水器等，这些都在正商交付标准之内。

地暖作为河峪洲项目的标配内容，在施工细节上更是精益求精，保温层、热反射层、钢丝网层、细石混凝土层等多达 9 层精细施工，保证了地暖的长久品质。置业顾问介绍，在洗手间的洁面区域和阳台区域，更是贴心布置了地暖管道，保证业主冬季晒太阳或者刚洗完澡之后，同样温暖。

在河峪洲项目样板间入户门处，记者看到一个可以折叠在墙面上的不锈钢挂钩。置业顾问介绍，挂钩是为了方便业主手提重物时进行临时搁放，最大承重能够达到 50kg。

河峪洲项目样板间的入户门采用国内一线知名品牌的钢木复合门，不锈钢的刚性、木门的隔音、合页关闭的顺滑手感，一应俱全。电子密码锁有多种开启方式，指纹、密码、钥匙均可。置业顾问介绍，为了保证舒适的入户体验，正商在门的投入上很有诚意，"仅密码锁和入户门的总价，就达到了 13000 元左右"。

**精工细节显品质**

记者随后来到家河家项目处，刚进入样板间区域，塔钟、尖顶、红褐色外墙，散发出浓浓的英伦风情，样板区内的喷泉景观，配合多重立体绿化景观，在寒风中，更显得生机勃勃，绿意盎然。

记者在样板间中看到，在每个起居室里，距离地面约30厘米的位置，均设置有一个小夜灯，关灯后小夜灯的亮度柔和，既能够避免过于刺眼，还能达到照明的效果。据置业顾问介绍，小夜灯采用红外和亮度检测，"天色暗了也会亮，夜晚有人起床走动也会亮，持续时间2分钟"。

在厨房的样板间，记者在厨房台面的边缘，在下垂的石材上，能够摸到一条1毫米左右的开槽。置业顾问介绍，这个开槽是"滴水线"，日常厨房操作可能会在台面上有水流下，这条线就是为了避免水流滴下来沾染柜门，"保护不让水滴泡坏门板"。

在交付标准中，记者看到，除了龙头出水处的净水系统，在全屋入水口，还会加装前置水质过滤器，从水源入户时，就过滤掉水体中所包含的泥沙等杂质，提供更好的用水品质。

**高品质配套是正商的产品基因**

高标准配套的背后，更多的是正商产品设计中的贴心细节。

自2016年正商转型升级之后，正商所有在售以及即将开建的住宅产品，均订立了高标准、高配套、高品质的建设政策，从项目施工之初，到合作品牌商家的提升，严格从产品材料上把控质量关，不计成本，在产品投入上不打折扣。

"以后在装修方面，尽量找上市公司来做，不要小队伍来干。"正商地产张敬国董事长曾在一次年度会议上，向全体正商人提出要求，为打造正商高品质的住宅产品，从源头就提高标准。

正商河峪洲和家河家项目，作为正商地产在北区的拳头项目，其转型升级，为中原房地产市场提供更好人居产品的决心，可见一斑。精装配套的高标准以及细节的用心雕琢，是正商人对高品质的追求、全心全意为业主着想的最好体现。

正商的在建项目从建设施工初期，到最终的成品交付，每一个环节都严格执行高品质的要求，为客户提供更为舒适的住宅产品，正商地产让业主对美好生活的向往变为了现实。

刊载于2017年11月22日《大河报》

# 全球"召集令"助推软实力

● 吴俊池

核心提示：2017 年 11 月 23 日，郑州市委、市政府举行"智汇郑州"人才政策发布会，向全球人才发出"召集令"，以吸引更多国内外人才加入郑州的国家中心城市建设中。

正商地产作为河南房地产企业的"领头羊"，在人才引进以及高技术型人才利用方面，更是作为企业的重点战略之一，拥有众多高技能型人才的正商，必将在房地产开发的道路上，为消费者提供更好的服务。

### 人才工程是城市发展的重点工程

在人才政策发布会现场，公布了《关于实施"智汇郑州"人才工程加快推进国家中心城市建设的意见》，涵盖 7 项人才计划、19 条保障举措，其中对于高层次人才创新创业扶持、鼓励青年人才在郑落户的新政，达到 30 条之多。

城市的发展需要大规模的建设，而作为城市建造者的房地产开发企业，更是各类高技能型人才聚集的地方，正商地产作为河南房地产开发企业中的佼佼者，早在几年前，就已经开启人才引进的重要战略布局，对于企业的发展，正商深知人才引进的重要性。

正商地产总规划师王继华毕业于日本四大国立大学之一，在日本拥有将近 20 年的建筑设计工作经验，在行业内享有极高的声誉。2015 年，王继华加入正商地产集团，主要负责正商产品的设计工作。

正商地产总工程师蔡江伟毕业于清华大学土木工程系，曾就职于国内一线房地产开发企业和产业集团，他所经手的房地产项目，受到了不少业内同人和客户的认可，他在写字楼产品的设计方面，有着自己深刻的理解。

### 高技能型人才打造正商高品质团队

正商的高品质，高在用材、高在施工、高在服务，更高在人才。随着正商善水上境、家河家、河峪洲、智慧城、兴汉花园等项目依次在市场中亮相，高品质的建设、高品质的配套和高品质的服务，让消费者真真切切感受到，正商将"高品质"三个字落在实处。

善水上境的建筑规划及公园、园林景观设计，特别邀请了澳大利亚柏涛设计团队担纲设计，将传统东方禅意融入现代简约、开放的造景手法中，营造"情景""意境"双生的庭院体验；同时依照古时中式院落结构，组成多重院落渐进空间。

善水上境在装修设计上，特别邀请香港梁志天设计团队操刀，对从全世界各地甄选的品牌材料，进行中魂西技的艺术融合处理，营造简约而不失沉稳的东方大宅新体验。项目的高层精装设计费高达 500 多万元，这也体现了正商地产做极致精品的决心和魄力。

兴汉花园的交付，正商地产所表现出来的实力和匠心，在郑州房地产领域引起一阵惊呼。

兴汉花园景观由上海北斗星景观设计院虞金龙团队设计，采用新中式园林的风格，框景、隔景、雾森系统等设计手法的大量使用，移步换景，细节处处能感受兴汉花园的草木灵动之美。

### 打造软实力奠基硬品质

人才，是企业立足市场的根本，更是蓬勃发展的基础，对于人才的重视程度，决定了企业未来发展的动力来源。

在高技能人才的引进方面，正商地产同样注重对已有员工的培养和提高。早在几年前，正商地产就牵手北大清华、沃顿等名校，参加 EMBA、EDP、房地产总裁研修学习培训，确保管理层的思维方式，重视人才战略，以内部培养为主，外部招聘为辅，结合"四象限"原则，积极开展"新升力"培训、后备干部培养，储备符合企业所需的高精尖人才。

理论的培养是基础，实地考察则能更直观地看到同行优秀企业的长处，正商地产每年会对国内外同行优秀产品实地考察，从日本、美国、新加坡、欧洲等国际先进房地产企业项目中汲取经验。

未来的房地产市场，是产品的竞争，是企业综合实力的竞争，归根结底，还是高技术型人才资源的竞争。目前，正商地产人才引进和培养战略带来的企业发展动力，已经初露端倪，未来一个高技术型人才聚集的正商，必将为中原房地产市场带来更高品质的优秀产品。

刊载于 2017 年 12 月 5 日《大河报》

# 给你一个五星级的家

●吴俊池

**核心提示：** "这房子比想象得好太多了，还带有密码锁，入户门也可不赖。"拿到新房子钥匙的黄女士激动地说。2017年12月4日，正商公主湖项目首批房源，共计280户开始交付，而黄女士一家就是其中的一户。

## 好房新郑显 业主连感叹

"在新郑就没见过这么好的房子，看着走廊的瓷砖，看着外墙的石材，确实是郑州的大开发商，就是不一样。"黄女士反复摩挲着楼栋入户大厅的大理石背景墙，时不时还敲一敲墙面，听听是否有空鼓，嘴里偶尔发出"啧啧"的赞叹。

12月4～5日，像黄女士一家一样交房的，一共有280户，他们是正商公主湖项目的第一批住户，小区内的新中式水循环景观、移植的银杏树、精心挑选的苹果树、点缀其中的艺术雕塑，无一不彰显着项目的高品质。

"连上地下室有三层，有了这个房子以后，我就能把爹妈接过来一块住了"，司先生买了一套130余平方米的一、二层复式户型，加上一楼的前后院子，"前后院子还能种点啥，闲不住了收拾收拾"。

记者看到，在已经交付的毛坯房内，电源、开关、电表等位置，已经被红色的印章醒目标记出来，房间内的地面以及墙面也经过细致的加工。从负一层的地下室出去，就是地下车库，地下车库的公共走廊区域，也进行了干挂石材的装饰。

"没想到房子盖得这么精细，这个钢木复合的装甲门和密码锁，摸起来的质感就不是普通门能比得了的。"司先生兴奋地介绍，"我们是6000多元一平方米买的，现在这房子看着一平方米至少值8000块。"交房当天，业主无一不竖起大拇指，均表示对正商公主湖项目的认可。

## 主洋房社区围湖而建 高标准显正商品质

正商公主湖项目位于郑州南区、新郑市望北新城区域，是一个以洋房产品为主的宜居舒适社区，目前已拿地400余亩，整体地块面积在区域内属于较大体量。

据置业顾问介绍，公主湖项目除了一小部分高层产品以外，整个社区主要是以洋房产品为主。小区围湖而建，主打舒适、湖居、生态大盘，"之前我们接近八成的洋房产品，都是被郑州、北京、内蒙古的客户给买走了"。

难能可贵的是，在正商公主湖社区中，新郑市政府联合正商地产打造了一个面积达到 12 万平方米的生态大湖，约 5.7 万平方米的滨湖公园和湖面相辅相成，形成一个湿润、良性的社区内生态小循环，注水之后，湖面面积大概相当于如意湖的 1.6 倍。

正商公主湖相关负责人介绍，项目沿用正商高品质建设的要求，仅钢木复合装甲门、指纹门锁、可视对讲系统的引进，每平方米就增加了几千元的成本，抗压、不起尘的耐磨地坪也作为正商地产的最新标准，首次在公主湖项目亮相，为了高品质建设，不惜成本，这是正商对自己产品的要求。

### 优先市场布局 挖掘区域潜力

公主湖、智慧城、河峪洲、四大铭筑、书香华府等，这些目前正商地产的掌上明珠，都有一个共同的特性，就是对区域开发的先行性。

以正商公主湖项目为例，2015 年正商公主湖项目拿地，随后 2 年内，恒大、碧桂园、建业、英地、佳兆业等省内外一线开发商纷至沓来，并且仍然有开发商在谋划拿地。区域内优质房企组团性的入驻，是对该区域价值的肯定，"该区域属于郑州的南区，新郑的北区，起着纽带和桥梁的作用，是新郑市向北挺进的桥头堡"。

而在众多开发商摩拳擦掌，准备施展拳脚之际，正商地产已经向业主交付了第一批的湖居洋房，彰显其强大的市场前瞻性和预见性。

在区域价值的挖掘上，正商地产走在了市场的前面，在众多开发商尚未涉足的开发区域，正商敢为天下先，做第一个"吃螃蟹的人"，对于区域的运作，正商地产深入耕耘、精细建设，力争打造一个又一个高品质的项目，为提升中原人居水平，坚持品质生活到永远不断奋斗。⬆

刊载于 2017 年 12 月 6 日《大河报》

# 正商科技梦

● 王亚平

**核心提示：** 新周期下的房企转型之战已经打响，只有走在竞争对手前面，才能在未来更长一段时期内获得发展优势。

2017 年 11 月 2 日，"非住宅高端物管"兴业物联在新三板资本市场举行挂牌敲钟仪式。这是继正恒国际控股公司登陆香港资本市场、GMRE 公司登陆纽约证券交易所后，河南正商第三次对接资本市场。

此举意味着，随着物联网产业的爆发周期越发临近，这个抢占物联网产业先机的科技公司将为正商打开另一幅事业新版图。

## 正商多元化战略再添科技板块

近两年，河南企业中，正商在资本市场颇为活跃。

全国中小企业股转系统公告显示，河南兴业物联网管理科技股份有限公司（证券简称：兴业物联 证券代码：872196）的挂牌申请获得批准，并于 2017 年 9 月 25 日挂牌。

这是继 2016 年 7 月 22 日正商地产旗下 GMRE 公司登陆纽约证券交易所，2015 年正商地产组建正恒国际控股公司登陆香港资本市场之后，正商第三次对接资本市场。至此，正商已是拥有 3 家上市公司的郑州本土房地产开发企业。

公告显示，兴业物联成立于 1999 年，业态类型主要有写字楼、政府机关办公楼等办公物业，酒店式公寓等商业物业及学校物业等其他类型物业。

截至目前，该公司管理和服务的项目有郑州建正东方中心、正商向阳广场等在管及已签订合同项目 20 余个，服务面积超 200 万 m²，预计到 2020 年，服务面积将超 500 万 m²。值得关注的是，尽管当前主要业务是非住宅物业管理，但此次登陆新三板，则是发力科技板块。

这其中有怎样的逻辑关系？

"兴业物联运用互联思维，借助物联网技术，突破单一的基础物业服务导向，优化物业服务，提高管理效率，深入挖掘和有效整合业内资源及社会资源，将实现商业模式的创新。"

正商地产总裁张敬国这样说道。

对此，有业内人士表示，这个将广泛运用物联网技术的科技公司，或将为正商打开另一幅事业新版图。

**物联网技术助力智慧楼宇建设**

无人机巡逻、云端监控、智能门禁系统的商务应用……在兴业物联的楼宇服务中，高科技智能化的优势特别明显。

借助物联网浪潮，构建智慧社区，这是物业公司的升级之路。不仅提高物业管理水平，增加用户的服务体验，还能降低运营成本。

当前，我国各地的智慧城市建设在探索中成长，智慧城市成功运行则依托于智慧社区、智慧楼宇的建设。

那么，兴业物联的智慧楼宇建设如何达成？

据了解，在兴业物联有一个核心部门，也是物联网智能化物管平台——慧眼科技中心，在这里，以前需要很多人工来完成的服务项目，现在都由智能设备来完成。

比如，智能安防系统，智能摄像头 24 小时监控，投放无人机动态巡逻；智能能源管理系统，通过传感器监控楼宇内耗能设备（中央空调、电梯、供配电设备等）；智能门禁系统的商务应用上，可以实现多级管理、无卡化出入，凭"二维码通行证"自助通行，如果有 VIP 访客，在扫码开启道闸的同时亦联动电梯，会有相应的电梯直达迎接，并将访客送至相应楼层。

不止如此，兴业物联董事长朱杰介绍说："搭建了写字楼、公寓、商铺租赁平台——正 e 租，机器人智能迎宾，自主研发了智慧物联 APP，为所服务的写字楼及公寓提供全方位、精细化服务。"

未来，兴业物联还会借助智能家居、智能硬件，得到住户身体的健康数据信息，与养老机构和医疗保健机构合作，为业主提供便捷的健康、养老服务。

成熟的物联网智能化的运营经验可以很快复制到多个社区，这就从外延上拓宽了业务范围和盈利模式，给物业公司带来脱胎换骨的重生。

**先人一步，正商"科技梦"的实践**

发轫于本土的正商地产，连续多年销售业绩稳居全省第一，2017 年在全国房企的实力比拼角逐中，又荣获"2017 中国房地产开发企业 50 强""2017 中国房地产开发企业成长速度 10 强"。

正商地产下属 91 家子公司，相继开发了 50 余个项目，累计开发建筑面积 2200 万平方米，物业管理面积 800 万平方米，服务 10 万户家庭、50 万业主，连续 5 年郑州市销量第一。作为集团化企业，正商地产一直深耕中原，拓展全国，布局全球，目前经营区域涵盖河南郑州、洛阳、信阳、新乡、山东青岛、海南文昌等地。

此次科技板块登陆新三板，让诸多业内人士感到措手不及，甚至产生这样的困惑：为什么正商能又一次抢占先机？

实际上，若稍加了解，就会明白此举有迹可循。

正商地产总裁张敬国 1979 年考入郑州大学物理系无线电专业，毕业后从事过很长一段时间相关专业的工作，而后才进入地产行业。

多年来的理科研学，他养成了严谨、认真的习惯，对行业发展机遇有着前瞻和理性的判断，且长期关注科技领域的最新动态。最关键的是，他是一个坚持跑在时间前面的人。

近两年，互联网＋、物联网、智能化发展迅速，而商务楼宇和人居社区是新技术应用的核心领域，前景被普遍看好。

所以，对接资本市场，发力科技板块，正商面对机遇做出了快速反应，这也是深植于正商地产和总裁张敬国的一个"科技梦"的实践。

**借力资本市场，加码科技研发，实力加速爆发**

"我的写字楼出租就没断过档，租金更是一路稳涨，交给正 e 租，别提有多放心。"在建正东方中心购买了 300 平方米写字楼的刘先生告诉记者，从交房到现在，几年时间，他一次都没去过。正 e 租是兴业物联搭建的租赁平台，租售双方在此价格信息透明，深得用户信任。

在兴业物联的管理服务下，目前，建正东方中心已成为郑东高铁板块的商务典范，2016 年还获得美国 LEED 绿色建筑认证并授牌，在河南树立了良好的国际品质及绿色环保、高效节能的生态商务形象，利用互联网、大数据、智慧云、信息化等科技平台拓宽服务领域，给客户打了造绿色低碳、健康舒适、开放共享的高品质绿色办公体验。

兴业物联这样的成绩已经得到广泛认可。有经济专家分析说，长期以来，河南省物管领域存在诸多不规范和非标准化问题，兴业物联上市，将为整个行业提供服务规范和标准，包括用工的规范化；物管业是个朝阳行业，随着物联网技术的广泛运用，会快速提升其市场占有率；随着服务能力和运营效率的提升，会衍生更多个性化、差异化的服务，比如资产托管、打造懒人公寓等，未来利润空间可期。

当然，不止物管，物联网涉及软硬件、互联网、App等多个领域，兴业物联作为科技公司，未来将有更广泛的业务范围，比如在社区、办公、通行、生活等这些城市构成的各个单元都实现智能化改造。

张敬国表示，物联网是未来通信服务市场的核心增量用户群。物联网市场快速增长，中国是全球增速最快国家。如果要说未来什么技术正在或将彻底改变人类生活、工作和娱乐的方式，那必将是物联网。小到各种可穿戴产品，大到汽车、工厂和楼宇，物联网能使一切设备互联并智能。

有业内人士坦言，借力资本市场加码科技研发，再加上正商地产多年来的领先优势，兴业物联这一科技板块的实力势必加速爆发，在未来市场竞争中获得绝对优势。

刊载于 2017 年 11 月 2 日《大河报》

城市生活
第三辑 CITY LIFE

# 和老街坊聊新变化

● 李志鹏

**走进社区，寻找最具发言权的主角**

社区有了新变化，这是最近一段时间生活在正商社区的业主讨论最多的热门话题，居住在正商新蓝钻F区3号楼的刘先生感触颇深，他说，正商品质提升以来，社区内发生了明显改变，电梯一卡通杜绝了外来陌生人员的随便进入，让业主生活更安全。每逢周末，生活在本社区的老人凭业主卡在正商"业主之家"会所里打打纸牌、聊聊家常、搓几盘麻将、翻阅一下报纸杂志，尽情享受晚年时光，那份恬淡和宁静的表情每时每刻都在告诉人们，他们才是小区的真正主人。

周末，去正商东方港湾拜访亲友。记者发现，社区单元门全部换成新的了，据社区一位搞建材的业主说："现在的单元门更宽了，主要方便老人、孩子出入。进口材质标准，质量结实、耐用，更安全，更实用，推拉自如，不易损坏，满足了业主生活的人性化需求，正商品质提升，确确实实给业主生活带来了超值实惠和服务。"

走访正商几个老社区，我们看到，以前的公共墙体都重新统一粉刷，里外焕然一新，午后的正商幸福港湾社区，一位老奶奶和记者擦肩而过，她正撑着遮阳伞送小外孙去上幼儿园，走在繁花簇拥的砾石小路上，伞下不时传出祖孙俩轻松的欢笑声。

记者随后与退休的老教师张大叔深入畅谈。张老师对记者说，由于子女不在身边，他退休后，最初生活有些空落，自从搬进了幸福社区，正商品质提升服务给生活带来了很多新惊喜。在小区的棋牌室，他每天傍晚都能邀上三五老友在此酣畅博弈一番；心里有了着落，生活渐渐形成了习惯，精气神足了，心情一天更比一天好。

最近，社区中心水系旁的小路上又铺了一层精致的鹅卵石，老人不用担心行走滑倒；不仅如此，社区定期举行的业主座谈会，让老人找到社区主人公的感觉，座谈会上，每个业主都能发表自己对社区的看法、意见和建议，通过物业反馈问题、解决问题，这对和谐社区的构建意义非凡；邻里之间互相往来更加方便，左邻右舍串门更加频繁，社区的人情味越来越浓了。

## 社区品质的最高需求，居之心安

在正商红河谷业主健身会所门口，记者遇到了气质优雅的齐女士，她是一家销售公司的高管，来自一个偏远的小城镇，独自在外打拼，作为新时代的女性，她的内心既充满了对品质生活的追求，也夹杂着对故土生活的怀念。

齐女士说，下班后回到家，远离城市喧嚣，谢绝了交际应酬，调一杯红酒，静下身心，随意读·本书，与生态园林相互沉默相守，仔细品味源于生活的温馨和惬意，这是多么快乐的品质生活体验。

正商红河谷物业管理处贾主任说，正商地产品质提升，不仅对业主社区生活硬件设施进行升级改造，更重要的是为业主输入了人性化的软实力服务，比如只要是正商业主，每逢生日，都会收到来自正商物业的温馨祝福，一条短信，承载的是正商地产对业主的人文关怀和贴心服务，体现的是为业主营造实实在在的品质生活享受。

社区会所化管理，丰富了业主的业余文化生活，营造了和谐相处的邻里氛围，真正实现了品质与服务和谐共存的氛围……齐女士说，品质生活的最高境界，说到底就是如何让业主生活满意，住着舒心、省心、更安心。

其实，高品质物业服务，就是你能不能把业主当作亲人一样认真、耐心地呵护。来自正商红河谷物业管理处的贾主任坦诚地对记者说。

### 记者手记：

房地产行业历经这些年的发展，其中既有"黄金十年"的繁荣，也有调控新政洗礼。在大浪淘沙下，以正商为代表的一批河南品牌地产企业迅速崛起。即便是在近年来外来知名房企大举抢占中原的形势下，正商等本土品牌地产企业"不退反进"，市场份额不断增大，品牌影响力更是大幅提升，并成长为名扬海内外的品牌地产企业。到底是什么秘诀？我想除了正商始终正视自己、不断超越自己、提升自己才是企业成为市场常青树的主因。

马云曾说，做企业是赢在细节、输在格局。格是人格，局就是胸怀。细节好的人，格局一般不会很差，格局好的人，也要注重细节，两个都要做好，那就是太级禅。正商在做大规模的同时，不忘细节的重要性。在产品设计和社区文化上不断地精益求精，最终超越自己。正因为如此，我坚信，不管日后市场如何复杂，正商这样的品牌地产企业已能娴熟驾驭，并以其丰富的经验、更大的智慧与能力应对高压与挑战。

刊载于 2014 年 8 月 6 日《大河报》

正商红河谷网球场实景图

# 和谐之美

● 袁瑞青

小时候，喜欢在邻居家的院墙上，用大孩子扔掉的粉笔头，涂画简陋的房子，一个梦想中的家，之后又总会招来大人的一顿臭骂，相信每个人都有过这样的童年经历。于是，有一所属于自己的房子，便成为许多人追寻的梦想。诗人海子也吟诵着"从明天起，做个幸福的人……我有一所房子，面朝大海，春暖花开……"

和谐之美，是我国传统文化生活最朴素的审美情愫。和谐，是万物共生共存的最佳状态，也是一切美好事物的源头。实现和谐，是古往今来人类孜孜以求的美好夙愿。而调动一切积极因素构建和谐社区人居环境，则是正商品质提升，全力打造精神文明社区健康发展的一个永恒主题。

### 打造放心社区　贴心更关怀

冰心曾说，美的真谛应该是和谐。这种和谐体现在人身上，就造就了人的美；表现在物上，就造就了物的美；融汇在环境中，就造就了环境的美。和谐是一种浓浓的人情味，蕴藏着丰富的文化力量。

为给业主爱车提供一个更优质的停车环境，正商地产品质提升对旗下近 20 个老社区的地下车库进行了升级改造，把原来的水泥地升级为聚乙烯材质地面，车库里的安全警示牌更加清晰显眼，贴心的举措不仅提高了地下车库的安全系数，地下车库的环境也因此得到很大的改观。地下室地面由原来的水泥砂浆升级为地砖，增加铝格栅吊顶、LED 筒灯等配套设施，更方便业主夜间出行。

构建和谐社区，关键要营造一个充满浓郁人情味的社区生活氛围。社区里，迟暮之年的老人需要更多的关爱，平常忙于工作，忙于孩子，忙于应酬，不经意间对老人的忽略让你感到内疚。此时，社区居住环境无疑在很大程度上影响着老人的生活质量，正商地产集团对社区公共区域进行了精细化装修。

为了方便老人行走，专供老人开辟了便捷通行小路，每次见面时不用再兜一个圈；社区实行会所化管理，棋牌室、阅览室给老人提供了消遣娱乐的休闲场所。让业主身心融入到温暖的社区生活氛围里。秦小姐对记者说："社区品质服务升级改造后，母亲像换了一个人，精气神儿一下好多了，每天和大叔大妈聚在棋牌室，高兴得很，老人开心了，做了女的当然高兴。"

记者从物业人员和热心业主处获悉，在正商旗下的社区，这种细心便民的改造随处可见，增加非机动车车棚以及配备非机动车充电系统；社区小路的照明灯进行了功能改进更新；老人健身器材进行新品种引进等。便捷的生活配套，让业主更愿意在社区公共场合出入，欢声笑语也越来越多地充斥着小区的各个角落。

**促进邻里关系 体验和谐品质生活**

谈到社区的和谐，我们总是能够联想到，欢声笑语、欣欣向荣的场景。在正商，为丰富业主的业余文化生活，加强邻里之间的了解与互动，构建和谐社区，正商地产集团在品质提升年，推出一系列社区公益活动，旨在打造一个"熟人社区"。

近日，在正商新蓝钻，为期两天的社区观影节活动完美落下帷幕，在这个凉爽的夏日傍晚，一家人坐在家门口看电影，想想都是一件让人羡慕的事。更何况不止一个家，社区的男女老少齐聚一起，看电影、唠家常，这种温馨的场景也只会出现在老电影画面里。谈到这次观影节，尤其是老业主，对此举都有很高评价。

社区6号楼的王大爷说："这样看电影，都要追溯到我们年轻那会了，那时候看露天电影，每次都像过节一样，大家彼此说说笑笑，特别热闹，这么多年过去了，人们都习惯到电影院去看电影了，但是曾经的那种人与人之间的感情却再也找不到了，真是没想到，多年以后，在社区家门口还能看一场这样的露天电影。"

正商明钻社区物业管理处主任王宏亮对记者说，这样的活动，已经在正商各社区举办了十多场，今后还要持续举行，有业主透露，刚搬进社区的时候，大家彼此都很陌生，有时候，邻居见面，不知道该说些什么，不打招呼又显得尴尬。后来通过一次次参加社区举办的活动，大家也都熟络了，私下里联系也多了，就这样，大家很快从陌生人变成了无话不谈的好朋友。

正商地产社区服务品质升级改造，对老业主是感恩回馈，对新业主是品质服务传承，无数个追求品质生活的家庭组成一个和谐共生的正商大家园，共同助力城市文明和社会健康发展，不积跬步无以至千里，正商地产在以小行动，致敬大文明。

刊载于 2014 年 8 月 27 日《大河报》

# 社区安全 品质臻现

● 李志鹏

**核心提示**：1975 年，瑞典首先开始推行社区安全计划，14 年后，社区安全理念成为文明社区的标志，逐渐在全球范围推广开来。

社区作为社会的细胞，其安全是社会稳定与繁荣发展的基础，安全社区也是全面建设小康社会、构建和谐社会和平安社会的重要组成部分。安全社区的构建使居民能够更好地找寻到社区凝聚力和归属感。为了打造安全社区，正商地产品质提升年，推行一系列硬性措施和软性服务，旨在为社区业主的人身财产安全提供更好的服务保障。

2014 年 8 月中旬，记者走访正商旗下社区，通过调查以及与物业工作人员的深入沟通了解到，正商地产社区正以科技为主导，强势提升社区人性化服务，对所属社区基础生活配套进行全面升级整改，加强安全维护管理，提高安全服务品质。

## 阅古观今 科技筑建安全

随着社会文明不断进步，人们的安全意识和安全理念也在不断增强和完善。早在远古时代，护城河已遍布世界各国。如北京的紫禁城、济南护城河、台湾新竹古城、左营旧城、亿载金城、日本的松本城、江户的皇居、以至欧洲各国的城堡及皇宫等地方都建有护城河。安全的生活环境，是社会正常运行发展的基础，这些中外标志性的安全建筑表明，安全保障是社会科技人力物力凝聚的精华。

在现代社会，人们对生活环境安全的追逐依然是不遗余力。记者了解到，正商地产为了提高品质生活社区的安全服务保障，采用先进科技手段对旗下老社区的基础配套进行了升级改造和更换。

谈到社区安全服务，正商幸福港湾物业管理处梁经理为记者列出一串数字：为了杜绝断电给高层用户带来不便，正商地产对旗下社区 138 台电梯梯控进行升级改造，电梯动力增强，保证了高层业主生活的安全与便利；从前的社区红外线监控不够完善，现在的社区里更换成电子围栏，旗下社区共安装约 5000 余米；社区推行一卡通改造，在不同社区共101 个单元内，由之前的 ID 刷卡改造成 IC 刷卡，提高了业主生活的安全度和便捷度；在社区大门智能门禁的改造中，对旗下社区进行改装和增设人行摆闸，22 个社区从前的挡杆式道闸更换为栅栏式道闸……

这一串串数字虽无法衡量正商地产在品质提升运动中倾注的人力物力，却直观地展现了正商地产集团对社区安全的投入力度。看似多了一道道程序，却在潜移默化中为社区的安全提供一层又一层的保障，新蓝钻F区业主张女士对记者说，社区推行一卡通之后，有时候出去玩不锁门也不用担心，因为没有IC卡外人无法进入住宅楼。

**真抓实干 构造温情社区名片**

为了从根本上提升社区服务品质，正商物业制定了严格的物业人员工作守则，凡社区物业人员，从领导者到执行者，每个人首先从思想上严格要求自己，在工作中坚持挑战困难的工作，不断突破自己，提高自己；对每一项工作不达目的，誓不罢休；工作人员之间要相互团结与合作，提高工作效率；物业人员工作要做到眼观六路、耳听八方、面面俱到、滴水不漏。

正商城福苑就有一个事例，业主石先生入住后，一次送孩子上学，因为时间太赶，出门的时候，锅里煮着饭，忘记关火了，社区值班人发现后，及时报警后，物业工作人员第一时间用吊绳从窗户进入业主家，把天然气阀门关掉，避免了一场火灾发生。

在正商社区，总是不经意看见业主和保安人员闲聊的场景，业主与物业之间不像是服务与被服务的关系，而是无话不谈的老朋友。正商新蓝钻F区张主任说，对于社区物业人员来说，品质提升，也是物业人员自身素质和工作能力的提升，保安人员也会定期接受安全教育和专业素质培训。所有物业人员在工作中要做到三个及时，业主提出问题，要及时反馈、及时沟通、及时解决，确保在最短的时间内为业主解除顾虑。

记者留意到，正商社区的地砖干净而又整齐，物业人员程女士说："定期对地砖细节进行检查修葺是日常工作之一，我们为陡峭的台阶增添了坡面，孩子在社区里奔跑的时候，少了令人心疼的磕磕绊绊。"为了保障社区老人和孩子的安全居住环境，社区里是禁止车辆进入的。漫步在正商社区的主干道上，除了孩子的玩具车，再也见不到其他机动车辆的踪影。

正商社区品质提升，每一处细小的变化都给我们增添新的温暖，这背后有太多不为人知的汗水和努力，有太多正商人为社区安全践行的责任。作为与社区环境息息相关的我们，理应为这些辛勤忙碌的背影送去掌声与尊重。⬛

刊载于 2014 年 9 月 3 日《大河报》

# "爱心"服务社区标杆

● 李 飞

**核心提示**：2011 年 2 月 27 日，万科良渚文化村 3653 户村民共同约定的《村民公约》正式发布。公约细则由业主发起，内容修订历时两年，最终核定内容 26 条。约定了社区生活中细琐而平凡的服务细则，在这些约定的指引下，良渚文化村打造出一个具有业主归属感的爱心示范社区。

在走访正商社区的过程中，记者发现，正商地产也在构建并履行这样一种社区文化，让业主在感受物业服务的过程中形成社区归属感。

## 公共空间功能化　推动邻里社区和谐关系

社区公共空间设施，是业主友好往来、和谐共处、增强彼此信赖的情感纽带。风景园林大师西蒙兹曾经说："友谊能设计出来吗？答案是否定的，但是可以确定的是，有助于人们相识交集的场所是可以设计出来的。"在社区，公共空间是居民进行交往、参与社区活动的主要场所，建造良好的社区公共空间氛围是业主之间加强归属感的心灵依托。

正商地产景观设计师表示："家长的交流往往就是从孩子间的交往开始的。在正商社区，我们把日照最好、通风条件最佳的地方划分出来做儿童活动区，同时儿童活动区的旁边是老人休息区，老人休息椅等健身设备完善齐全，这样，老人健身休息的同时会应孩子成长的话题而展开，生活的趣味性往来由此打开。同时动静分离的社区公共空间规划，让业主根据年龄需求各得其所，各享其乐。"

业主王女士告诉记者："社区文化归属感是正商品质提升最根本的社区服务特点，打造'爱心'社区，把中国传统的村落根性文化植入到现代城市社区的点滴服务细节，让亲情氛围在领里之间生根开花，让业主的自觉行为成为维护社区公共文化的生活习惯，在正商社区，你时刻能感受到一种淳朴、厚道、真实的社区和谐氛围。"这也是正商一直以来为业主精心打造"品质生活到永远"的社区服务核心价值。

## 物业服务标准化　打造社区品质生活保障

和谐社区生活氛围一定程度上促进了业主社区归属感的形成，社会学家认为，居民对社区的满意程度与居民的社区归属感之间存在非常紧密的联系。首先是外在硬件设施的安全感和居住心理的满足感，还有在视觉和实际使用上的舒适感，以及公共设施、公共服务的完善与否。正商物业把保安、保洁、维修、园艺工、绿化、会所等作为衡量社区服务的重要指标。

**形成管家式服务标准化准则**

例如，保安上岗标准化、保洁垃圾清理标准化、维修设备维护标准化、会所管理标准化、社区物业品质服务标准化等，正商物业服务将业主感性的"好"落实到标准化的服务体系中。正商的物业部门，每个岗位都有详细的岗位说明书，说明这个岗位需要承担的任务和责任。同时针对下雨、下雪各种可能遇到的突发情况，也都有详细的应急预案。这些预案不断体系化，进一步补充到公司的整个服务标准中去，对标准化形成品质服务保障。正商物业总经理孙曙光这样介绍。

对岗位行为的标准化，保安礼仪体现得最为明显。"面对业主必须微笑、打招呼，迎送机动车都要敬礼。保安 24 小时站岗，绝不允许坐下。"标准化细到什么程度，物业人员告诉我们："公共设施及楼道清洁都有明确的定位分工，要求实名制上岗，每天清理打扫四次以上，每次打扫完毕都要登记，做到一切有据可循。"

**人人参与服务管理 合力共建一个"家"**

当基本的安全、隐私与舒适的需求被满足，同一个社区的圈层管理及业主参与热情就会被集中释放出来。让每个社区都有一个公共对话的交流平台，使正商社区实现"人人为我，我为人人"的信息公益化管理模式。

来自正商新蓝钻 A 区的杨先生表示：自己平时在外地做生意，一年很难回来几次，最近社区推行一个手机"微信"物业服务平台，让我受益匪浅，"微信"平台由物业发起，以户为单位，实名制点击公众码参与社区微信群，成为社区网上"圈层成员"，有时候出差回不来，社区内有啥活动都可以通过此微信平台办理，要是发现社区哪里有服务不到位的地方，也可以发个微信让"家"里人知道，既提高了社区品质化服务效率，也增强了邻里和谐共处氛围，可谓管理与服务两全其美，相得益彰，深感现在的正商社区生活就像以前的文化大院，特别有人情味！

无论是过去还是未来，当相同的文化在一定的空间、时间上得到认同，那么便能形成一种精神的回归，进而成为推动现代城市文明建设的重要力量，促进社会文明的共同进步。正商倾力构建的社区信息化管理模式，既是正商地产作为一个百强房产企业社会责任的体现，也是每个人追求品质生活的梦想的开始。

刊载于 2014 年 10 月 29 日《大河报》

# 关爱老人 乐享晚年

● 李志鹏

据国家统计局发布的 2010 年第六次全国人口普查数据显示，我国 60 岁以上人口已达到 1.77 亿，占总人口的 13.26%，中国已全面进入老龄化社会。养老成为政府、社会的一个极为重要的课题。正商地产多年来在教育、医疗、慈善等方面投入不菲，自然也不希望在养老事业上缺席。　正商品牌部总经理表示："我们肩负社会责任，而关注老年人生活，是正商和其他房产商的区别。把这个事情做成功，有利于提升业主的园区生活品质。希望我们能够为更多老人营造一个比较好的养老环境。"

百善孝为先，这是中华民族的传统美德，如何让家里的老人安度晚年成为每个家庭面对的首要问题。同时，他们的需求又具有多样性，既有生理性的，又有社会性的；既有物质的，又有精神的。换言之，让他们心灵富足，是老有所乐不可或缺的因素。

社区是老年人的聚居地，是老年人的主要活动场所和生活空间，随着年龄的增长和身体的衰老，老年人对社区的依附性逐渐增加，因此，正商在此方面投入颇多关注：社区智慧化有利于对老年人安全方面的照顾，正商社区艺术团的成立和壮大，建立老年俱乐部、不定期举办老年座谈会，还有物业发起的各种老年人活动等等，都是明证，正商正以可持续发展的眼光规划老年人园区服务体系。

近日笔者走访了正商四月天小区，不少家庭一起伴着夕阳散步，边走边聊；有的则趁着天未完全暗下来的空档与亲友打羽毛球，锻炼身体；不过最吸引人的则是几十个老人在练习豫剧，调嗓、发音、排练以及乐器配置都应有尽有，专业程度令人赞叹。经了解，这就是大名鼎鼎的正商艺术团。这个艺术团在老艺术家的带领下，进行唱歌、跳舞、唱戏等专业的学习和排练，"不仅是老有所乐，还是老有所为，让我们觉得自己还是有价值的。"一位退休的老校长向我们表示。

## 安养老人 铸造幸福家园

身体健康是老年人，也是整个家庭关注的首要问题，是实现其他一切需求的前提。正商从生理上关注老年人的健康，各社区不定期举办社区老人免费体检活动以及安全讲座等，身为子女的业主王女士便深有感触："妈妈健康是身为女儿的我唯一的心愿，感谢正商，帮我尽孝，尤其是安全讲座的举行，也让爸妈学到了很多知识，同时经常听讲座能出门活动，锻炼身体，接触到更多同龄人，互相问候，互相关怀，妈妈每次回来之后心情也开朗了，身体也健康多了。"

在帮助了解自身健康的同时，正商还在社区设置老年人活动中心，在活动中心，老人一起下棋、打乒乓球、跳舞、聊天等等，老人表示："我们在社区有了另一个家，一个与朋友玩乐的和谐家园。"

正商工作人员表示："给老年人提供了活动场所和设备，很多老人感到满意。但是，健身设备长期使用，难免会有损坏，正商十分注重设施的安全，不时检查和维修，尤其是在一些细节上，如扶手维护、地板的防滑等，都十分讲究。"

### 乐活，让生活更美好

一份科普资料表明，由于大脑功能的退化和离退休前后生活的急剧变化，老年人中85%的人都存在着不同程度的心理问题。失落感会使人感到老年期真正是人生的丧失时期，关注老年人心理健康已成为社会各界需要提上日程的事情。所以，不仅要关注老人安全等基本的生理方面需求，更重要的是满足他们老有所为、老有所乐的心理需求，老人的生活有了新的追求，日子也就有了奔头。

正商艺术团的成立便基于此目的。在正商领导的引导下，在骨干艺术家的带领下，正商社区艺术团组织的活动可谓多姿多彩，跳舞、唱歌、唱戏、小品等都让老人获得了快乐和健康，同时，艺术团的成立和发展，使得社区内有特长的业主告别了以往单纯的自娱自乐，拥有了交流学习、展现才艺、发挥特长的平台。

"与之前相比，现在的生活每天都很精彩，每天都有新期待，感觉自己生活的幸福指数变高了。"张阿姨告诉我们："我们认真排练，已经参加过好多次晚会表演了，继续提高专业水平，以得到更多的演出机会是我们艺术团努力的目标。"

同时，正商定期举办老年座谈会，与老人交谈，听取老人对社区的意见与建议，以不断提高服务质量，更好地服务与满足老人。

### 积极探索 呼吁全民参与

目前，我国已经提出建设老年友好型城市和老年宜居型社区的目标，还在朝老年友好型社会、老年安养型社区和老年乐活型家庭目标努力，而提升居家养老的社区支持能力、增加居家养老的社区资源供给是着力点。正商在不断努力，为社区养老尽自己的一份力。未来正商将在提高普通老年人居家养老的生活质量和生命质量，重视社区的医养护理功能和精神赡养功能等各方面的探索。

在此，正商也呼吁，期待全民参与到养老服务中，广泛开展敬老、养老、助老道德教育，强化赡养老人是每个公民的责任和应尽义务的意识，形成家庭养老的良好氛围，让居家养老的老年人体会到家庭的温暖。

父母健康幸福是儿女的福气。让老年人健康幸福地生活，是一个社会文明的体现。而如何让步入晚秋的老年人安享晚年，正商一直在努力，愿每一位老人都能老有所乐，老有所为。

刊载于 2014 年 11 月 12 日《大河报》

# 正商传爱心，暖冬在行动

● 李 飞

**核心提示：**寒冬将至，为贫困山区捐赠活动在正商地产 30 多个新老社区全面开启，像一股暖流抚慰着每一个正商业主的心，也影响了更多人牵起手来，将爱心传递。

正商暖冬行动将 20 余万业主的心紧紧凝聚在一起，受到了社会各界的空前关注和好评。与此同时，正商物业从社区外围进行义务交通疏导和组织支援，用实际行动为捐赠活动助力。

## 改善交通 安全出行

冬季临近，天气骤然变冷，车辆出行多，交通拥堵严重对行车安全造成极大影响，交通事故突发频率高于其他季节，为确保社区业主车辆出行安全，正商物业对社区地下停车位加强了停车线路导示系统的管理，对老社区业主车辆存放进行了统一排查和登记，做到人、车信息对应，同时，对业主车辆早出晚归的时间节点都做了认真统计和管家式点对点定向服务。

据统计，十多年来，正商地产在市政道路建设及交通运输方面已做出了显著的成绩，2002 年，正商自投 800 余万元修建郑州市管城区港湾路；2005 年，自投 500 余万元修建郑州市金水区园田路；2007 年，投资 300 余万元修建郑州市金水区银河路；2008 年，投资 1000 余万元修建郑州市管城区香草路、宏达路；2011 年，投资 1200 余万元修建郑州市管城区银莺路、弓庄南街和果园东路。2010 年，累计捐赠郑州市 13 辆公交车辆，金额约 900 万元；2011 年，累计捐赠郑州市 46 辆公交车辆，金额约 3100 万元，公共交通运输车辆捐赠已达 59 辆，共计金额 4000 余万元。这些举措为改善市民交通出行条件，缓解城市交通运输压力，提高城市人居生活品质形成了关键支撑，为助力城市区域经济快速发展做出了巨大贡献。

## 节日送春联 幸福千万家

随着城市居民生活水平的不断提高，人们对中国传统节日的关注相对减少，但一些重要的节日如中秋节、元旦、春节等在人们心中仍占据重要位置，在这些团圆的日子，寄托着人们对幸福生活的追求。正商地产为社区业主的幸福添砖加瓦，节日里组织各种活动，增强节日气氛，与业主共度欢乐时光。

去年春节前夕，为感谢广大业主和郑州市民一直以来的关心和支持，正商地产给业主精心设计、制作了款式新颖、饱含着浓郁时代气息的新年春联、福字及大红包，在郑州全城派发，免费赠送，五万份福包很快就送到了市民手中。

统一身着"正商地产，2014新春送福，温暖相伴"红马夹的工作人员手捧正商新春大礼包，给返郑及回乡过年的私家车主进行派发。领到正商新春大礼包的车主纷纷表示，正商地产不仅品牌大、房子好，还特别有感恩心，让回家过年的人备感温暖。在正商社区，正商物业的工作人员将红红的大礼包送到业主家中，并给广大业主带去了新春的问候。同样，在正商地产各个项目的售楼中心，到访客户都能领到一份大礼包，领到礼包的人们都是喜上眉梢。

**全力践行 温暖人心**

为帮助业主度过一个温暖的冬季，正商社区物业配合暖冬行动已制定出"暖冬"服务标准，若遇到下雪天，一定要及时清扫小区内的积雪，时刻保持地面的清洁，防止人们因为路滑而摔倒；部分小区开始举行老人免费体检活动，为老人安全过冬提前做好养护措施等等。

"给予需要帮助的人最实在的帮助，彰显了正商的大爱精神，体现了正商社区的人文关怀，也非常接地气。"正商东方港湾的业主张先生说："郑州是个不缺少温暖的城市，正商也是，在这里，我感受到了实实在在的服务与照顾。"

"正商的成长离不开中原这块大地，离不开与我们朝夕相处的广大业主，所以我们要尽全力做好服务，多为业主嘘寒问暖、排忧解难，尽自己微薄之力，让这个冬天不太冷。"正商物业工作人员告诉记者。🔝

刊载于2014年11月26日《大河报》

# 将品质提升进行到底

● 李志鹏

**核心提示**：2014 年 3 月 4 日，2014 正商地产 · 盖洛普客户满意度调查项目启动会在正商总部隆重举行。本次客户满意度调研，是正商地产对当时所属的 22 个入住社区，20 余万新老业主进行的一次品质服务问卷"打分"调查。

这次大规模、专业性的调查，是正商以客户公共关系为核心服务价值的重大手笔，也是正商地产未来引领河南房地产业走向文化复兴的重要起点。深入了解客户需求，培养忠诚客户，是房地产企业提高核心竞争力的关键因素，是提高产品溢价能力，为产品研发定位确定科学依据的重要手段。

**满意度调查深入人心**

正商地产 · 盖洛普客户满意度调查项目为正商地产维护公共关系奠定了坚定的基石，据悉，盖洛普成立于 1935 年，由统计学博士乔治 · 盖洛普先生创建，总部位于美国华盛顿，在全球 20 多个国家有 40 多家分公司，是一家全球性客户咨询管理机构，研究人类行为超过 70 年。

调查通过社区业主针对正商地产的销售服务、售楼交房、小区规划、房屋设计、房屋质量、物业管理、维修服务、投诉处理、客户关怀等不同层面进行，利用盖洛普全球性强大的权威数据库与行业中的标杆企业对标，寻找差距，持续跟踪各分项指标情况，及时发现问题，提升正商地产的全方位系统管理能力，树立"大客服"意识，建立"熟人社区"，增强邻里关系，提高社区品质服务特色，确立正商地产在本土房地产行业的主导地位，同时梳理出正商地产在消费者心目中的品牌认知度和美誉度，进一步发掘潜在客户对正商地产的品牌忠诚度，此项举措得到了业主的普遍欢迎和认可。

其实，业主的满意度最终要落脚到产品和服务上，正商 2014 年品质提升活动也以此为核心，脚踏实地，一步步落实，在建造品质、服务品质、邻里品质等方面，收获颇丰，借此，正商地产的品质形象也在中原得以播种生长。

**从产品到服务  正商精耕细作**

正商铭记"将品质提升进行到底"的企业愿景，在国庆期间，集团高层管理人员、各物业案场主任，分组对正商郑州区域的在建项目工地、各物业案场进行了巡检，同时对郑州同行业的在建项目、物业案场进行了考察，并进行了品质提升深耕的考察讨论，将标准化的深化提升渗透到各个环节、各个细节，让标准无处不在，不遗漏任何一个环节。

例如：在图纸会审环节，张敬国总裁就强调，要进行五次会审，包括主体楼三次会审、景观会审、装修会审，具体为施工前会审一次，封顶后安装前会审一次，管网综合安装前会审一次，景观施工前、装修前再各审一次，以此来保证建筑的质量。此外，在工程管理方面，要建立样板，并对施工队进行样板做法交底，严格执行公司标准化做法等。

当然，在景观营造、公共配套环节、招标采购环节、物业服务等其他各个环节，深化细化标准，以样板打造优质工程，铸就品质人生，也依次在会上提出，并进行细化深化。

而物业管理作为公司的对外窗口和前沿阵地，其核心环节不容忽视。其不但负担着接受业主投诉、保修工作，还负担着随时向业主传递服务中心各项信息、向物业展示物业管理人良好形象的责任等等。

对于业主和住户来说，创造一个赏心悦目的工作、生活环境，丰富广大用户的业余生活，使小区内形成一种和睦、融洽、安宁的氛围是共同愿望。"正商物业经常组织业主活动，采摘活动、节庆表演活动、自驾游等，加强了邻里之间的沟通和交流，搞好了社区文化建设，社区生活变得十分有意思。"四月天的业主杨女士兴奋地表示。

当然，在从事客户服务的工作中也常遇到固执、偏激的业主，客户服务是一种了解和创造客户需求，以实现客户满意为目的的服务过程。正商物业经理说："我们时刻铭记一点——业主不一定永远是对的，但业主永远是第一位的。"同时，每一个物业人员都积极通过日常的接触和服务让业主清楚认识到这一点，这样，也让业主对物业管理的工作多了一份理解和支持。

刊载于 2014 年 12 月 13 日《大河报》

# 畅所欲言，与业主把脉长久发展

● 李志鹏

**核心提示：** 建筑，是城市的灵魂。中国房地产经过了几十年的高速发展，城镇化规模及城市功能化定位取得了阶段性胜利。如何增强城市核心竞争力，传承历史文化，延续城市文脉，提高人居品质服务，优化区域资源管理，已成为房地产企业未来发展的主要课题。

2015年1月17日下午，在正商总部，来自正商15个社区的24位业主，与正商集团董事长张敬国，副总裁周学东、刘振强、张国强、王金虎、陈卫兵、郭伟、近百位正商管理层汇聚一堂，各抒己见，畅所欲言，热切讨论解决小区业主生活及物业管理中遇到的实际问题。

## 聆听业主真实需求

新春临近，房地产业进入新一轮战略结构调整期，区域发展如何布局，产品定位如何规划，景观设计如何完善，物业服务如何品质提升，如何满足业主真实需求，成为房地产企业区域品牌聚焦的热点。

正商提出品质提升以来，在产品建造品质升级改造方面，除了对项目主体架构、内外墙装饰、社区公共区域标准化改造之外，对社区大堂、单元门、窗、地下车库、智能化系统等都进行了品质升级改造，电梯门禁实施业主一卡通出入，社区围墙红外线改为电子围栏系统，老社区景观植被补栽，地下车库使用LED公共照明，最大限度地减少了业主电费消耗支出，电动自行车充电设备杜绝了小区私拉电线引发火灾的隐患等，一系列产品品质升级改造受到了社会各界的好评，赢得了省会郑州各主流媒体的持续报道和口碑传播。

1月17日的正商业主座谈会上，来自正商15个社区的24位业主代表与正商总裁倾心畅谈，业主分别对小区中的配套、服务、娱乐设施、设计施工等问题提出了诚恳建议和批评指导，也对正商品质提升取得的成果深表赞许和认同。

来自正商蓝钻的业主邢先生首先肯定了2014年以来正商品质提升小区服务的新变化，他说，正商品质提升以来，之前明显存在的高层住宅水压低、绿化补栽、车库卫生等问题都得到了妥善解决，小区面貌焕然一新。他希望小区能加强文化宣传，提高文化气息。

居住在正商四月天的杨阿姨是小区有名的活跃分子，她风趣地对张总说："为了参加这次业主座谈会，我特意把发型整了整，作为正商的业主，咱不能为正商丢人。张总能在百忙中聆听业主心声，我感觉很荣幸。"

她分享了生活中与物业管理人员一起维护小区形象的经验，并且呼吁社区业主多一些正能量，共同维护正商和谐大家园，因为，物业服务不仅是物业管理的事情，作为业主也应自觉行动起来，为创建正商和谐文化社区出一份力。

来自正商蓝海港湾的业主杨先生从事建筑工程方面的工作，谈起小区建设时采取了更为专业的眼光，他明确指出了小区设计和施工中的一些细节问题，并且希望能够加强防火、电梯维护，改善老年人娱乐设施。

聆听完各位业主的意见和建议，正商地产总裁张总对各位业主表达了由衷感谢，他明确表示，正商地产作为本土知名品牌企业，是立志打造百年老店的，不仅会积极承担开发公司担负的品质提升责任，今后也会根植郑州、长久发展，会一直担负已交付小区的物业服务职责。

张总强调，业主是正商未来发展壮大的坚实后盾，物业服务是企业品牌价值的核心竞争力，服务好业主，满足业主的生活需求是正商人义不容辞的责任和义务，物业人要切实了解业主的真实需求，做到有问题不回避，难点问题大家共同协商解决。只有赢得了业主的良好口碑，正商地产的明天才会更美好。

**提升物业品质服务**

业主座谈会上，主管物业的正商副总裁郭伟向业主介绍了正商物业公司的基本概况及企业发展使命，分别从实行四级监督体系、引进第三方业主满意度调查；开通 400 客户服务系统；成立快速维修队、建立维修绿色直通车；加强与业主沟通，打造专业精细化服务等五个方面，详细阐述了集团公司对物业公司的定位、要求、监管，以及集团公司这些年在物业服务方面做的一些工作。

郭总强调了这次座谈会的重要性。她说，业主座谈会是搭建公司和业主之间的一座桥梁，今后集团公司每年都要举办业主座谈会，物业各案场每两个月都要举行自己小区的业主座谈交流会，目的就是要加强公司业主之间的沟通，全面了解业主的真实需求，做业主最满意的服务管家，切切实实为业主服务好，让正商每一个小区都成为和谐幸福的家园。

随后，正商物业公司总经理孙曙光根据物业公司目前在管理过程中遇到的问题对业主做了汇报。他讲述了正商物业今年在门禁系统、电子围栏、公共区域、小区景观、社区文化等方面为社区业主做出的实事儿。就物业管理中存在诸如设施设备的老化和磨损、邻里

正商红溪谷实景图

纠纷、部分业主改变住宅用途、个别业主采取的极端手段等问题、管理难点和困难与业主做了深入交流。

在此基础上，他指出了未来正商物业的努力方向，今后在正商地产的支持下，整合公司内外部资源；充分利用科技手段，建立社区 APP 平台，与业主建立网络互动，打造智能社区；利用现代化保洁设备，提高工作效率和质量，减少干扰；试点推出社区食堂、社区会所、金融、居家养老等服务。

同时，孙总表态，2015 年，正商物业将进一步提升社区服务品质，重点围绕业主切身生活需求推出"十大服务举措"，如节假日期间给业主发送祝福短信；业主商铺开业，由社区管理处送花篮表祝贺；业主结婚，安排 4 ~ 6 名社区秩序队员在小区门口迎送新婚车队，免费在《正商家》物业报上刊登专版恭贺等。

刊载于 2014 年 1 月 21 日《大河报》

# 和春天有个约会

● 李 飞

**核心提示**：春天，藏在乍暖还寒的阳光里；窝在含苞待放的花蕊里；粘在浅黄嫩绿的柳芽里；飘在温馨如初的居民楼里，躲在孩子蹦跳的橡皮筋里；徜徉在岁月如歌的青春画卷里；沉醉在一颗颗渐渐泛红的无花果里；春天，无论你在不在正商社区，我都在这里一如既往地等你。

观花灯、猜灯谜、闹元宵。正月十五元宵节，一朵朵五颜六色的彩灯笼像一树一树鲜花在正商社区缤纷盛开，正商业主三五成群，扶老携幼，一起走出家门，走上街头，欢聚在三月的初春里，尽情享受着正商文化社区给业主带来品质生活氛围。

社区邻里关系，是反映社会生活的组织细胞，代表着一座城市的文化素质，象征着社会居民生活的幸福指数；社区邻里关系，是基于社会精神文明程度的重要基石，它见证着历史，传承着文化，助推着一个人、一个家庭、一个民族的发展历程。

2015年3月5日的夜晚，正商地产所属22个社区大红灯笼高高挂，姹紫嫣红的烟花四射，缤纷绽放在郑州上空，一场声势浩大的民俗活动激情呈现，处处洋溢着元宵节日的喜庆。正商业主三五成群，纷纷走出家门，走上街头，扶老携幼，社区邻里关系其乐融融，他们在尽情体验着正商地产品质生活服务的欢乐气氛。

元宵节，我和灯笼有个约会。下午，在正商新蓝钻E区，记者看到，依河而建的七里河生态主题公园成为业主元宵节聚会的文化生活广场，一街两侧的景观树上早已被正商工作人员精心挂上了五颜六色、形态各异的动物生肖彩灯笼，喜羊羊、小白兔、钻天猴、熊出没、鸡鸣蛇舞、流光溢彩、形态逼真、妙趣横生。不少小朋友穿着滑冰鞋像一条条快乐的小金鱼来往穿梭在人群中。

像赶一场早春的集市，业主拉着孩子，挽着老人，不分男女老幼，年龄大小，全都参与其中，郑州整个东南片区的正商社区业主不约而同地从四面八方赶来，一时间，正商新蓝钻E区的七里河生态主题公园空前活跃起来。

正商华钻、正商新蓝钻、正商城、正商汇都中心、正商中州城等正商南区在售项目的桁架成为元宵节彩灯展中一道靓丽的风景线，各种奖品、优惠购房活动隆重推出，业主秩序井然地在现场排队登记，不少业主还拿出手机现场扫描项目二维码，纷纷给孩子领取元宵节小礼品和抽奖券，期待着正商地产精心筹备的元宵晚会正式开演。

晚上6点，正商业主元宵节晚会以一段青春飞扬、动感十足的爵士舞拉开帷幕。紧接着，魅力魔术、幽默小丑、互动表演等节目带给业主一场丰富多彩的文化娱乐享受。在魔术表演中，不少业主都表现出极大兴趣，并应邀参与魔术表演。晚会中的三场抽奖，更让业主拿着手中的抽奖券翘首以待。随着夜色降临，每一个小朋友手中都分发了一个荧光棒，现场气氛更加热闹起来。

在正商北大区，正商四月天、世纪港湾、园田花园、朝阳小区的业主也不甘落后，四月天的老年业主艺术团早已浓妆艳抹，整装待发，66岁的业主文化艺术团成员刘阿姨热情地对记者说："今年的元宵节，和往年不同，我们姐妹为庆祝正商社区业主文化生活，已经苦练了整整一个月，大家可是齐心协力，铆足了劲，决心为社区奉上一场别具风情的民俗舞蹈大餐，正商社区品质提升，人人有责，咱做业主的也不能落后啊！"

鸟儿攀枝叫，喜鹊登门梢。暖风吹嫩柳，新春闹元宵。2015年的郑州陇海大院邻里情深感动中国，也温暖着正商社区的每一个人。

是的，春天来了，春天的脚步近了。正商元宵节从业主的业余文化生活出发，给业主的日常生活注入了新鲜的元素，为正商社区文化生活增值。正商地产致力于打造品质生活，元宵节举办的丰富多彩活动既丰富了业主的日常生活，又体现了正商地产社区的品质服务精神。

刊载于2015年3月12日《大河报》

# 新郑州 新服务 新体验

● 李志鹏

**核心提示：**以客户服务为中心，把品牌建设回归到客户关系上，专注于客户品质生活体验，确立以客户关系为核心的品牌建设目标并坚持执行下去，通过两到三年时间建立起符合公司实力、形象鲜明、不仅具有知名度同时具备美誉度和忠诚度的区域品牌形象。

## 品质体验打造房企品牌核心竞争力

2015年，正商地产在品质提升服务的基础上，以业主社区生活体验为出发点，将正商品牌从产品品质提升向业主生活体验转化，通过业主生活体验印证正商品质提升从量变到质量的实质性改变，集中释放正商品牌倡导低碳、环保、绿色、节能、智能社区的文化社区服务理念。

案场销售方面，2015年，以客户体验为服务根本，对案场接待进行统一梳理，做好来电、来访登记并积极回访、记录、归档。产品说辞从单一产品优势介绍向产品所赋予的品质生活体验及业主尊贵式服务价值过渡，在售项目推出的围墙、展板、户型图、单页配图和文案及看房通道、样板示范区、看房直通车、单页派送等都以业主未来的生活体验效果为主体方向，定期对工程进程及节点公示和品牌标准化实施，时刻从正商品牌服务价值的维度对客户实行点对点、责任一体化跟踪服务。

物业服务方面，坚持智慧社区、人文社区、绿色环保社区的品质体验服务，坚持物业与业主之间的关系维护与服务引导，注重社区生活配套的细节维护和标示化引导，如社区文化广场的温馨提示标牌，社区景观的园林补栽及修剪，社区公共区域音乐片段选择，社区水系的定时发送与专业修理维护，社区业主会所的文化娱乐生活管理，社区卫生保洁的细节维护和标准，社区安全巡岗制度的规范和执行，社区业主微信群平台的定期互动和信息传达等。

工程建造方面，对工程进展节点要适时开展短信（或微信）发布通道，与销售案场保持高度一致，要让客户购放心房、安心房、省心房、品质房。

## 样板生活专注社区品质服务细节

产品质量方面，从图纸设计层面入手，到样品交付、工程阶段性施工检验和后期的质量验收，各个环节都要采取样本先行，质量阶段性审查的系统化管控机制，同时，景观设计、防水系统、上下水管道、管网、地下停车库等都要朝着生活趣味化方向加速推进。

社区服务方面，除了对物业服务岗位人员进行专业标准化培训并积极贯彻执行之外，要以社区为单位，分片区、分楼栋、分楼层，实施网格化动态管理机制，充分利用 400 的业务客服投诉通道，分时、分段及时反馈、有效解决业主提出的投诉问题，加大对社区公共区域部位的维护，加大对住宅单元门、窗、节能灯、道闸、电梯控、一卡通等社区智能化系统的维护使用和全局监控，从思想上认知为客户服务的品牌价值，从行动上把握业主的生活急需，从观念上改变业主对物业服务的错位认识。

邻里关系方面，创造文化社区品牌服务管理体系，从不同角度丰富社区业主的业余文化生活，搭建业主与业主主动沟通的邻里关系桥梁，发掘"社区志愿者"的积极性，发挥他们的模范带头作用，成立以老人为中心的乐器队、文艺队、体育队、摄影队、棋牌队、说唱队，以此为正商文化社区群体性口碑传播主线，对正商品牌形成良性输出，从点滴生活影响并改变社区居民的文化素质和生活观念。

2015 年，正商以媒体观察团、社会公益组织、政府职能部门、客户满意度权威调查机构为传播纽带，定期邀请主流媒体采风团走进社区亲身体验、观察、感受正商社区的品质服务和业主生活改变，以公众媒体的眼睛对正商社区业主体验进行持续性全方位新闻报道。同时，以社区物业管理处为单位，组织所属社区的业主通过微信群同步向其所属的微信圈现场扩散、发布；以正商品牌部为单位，及时配图文，同步在以公司为首的微信群扩散、发布，运用互联网思维，把正商品牌通过熟人社区的微信层层发布出去，不断创造新的社会口碑传播点。

刊载于 2015 年 3 月 25 日《大河报》

# 智慧社区 笑脸迎接美好生活

● 袁瑞青

**核心提示**：物业费、水费，不用到社区物业管理处缴了。如今，社区业主只需填写笑脸卡的卡号，窝在家里的沙发里就可以缴费了，操作起来比支付宝还简单。

据悉，这种旨在重构社区生态及深度体验信任关系，打造中国最大社区服务智能平台，将在郑州市最大开发商正商地产所开发的30多家社区全面展开。

## 笑脸智慧社区 促进和谐邻里关系

社区居民生活是现代社会稳定发展的一面镜子，关系着城市经济文明建设的重要进程。2015年，中国楼市发展进入深水区，经济结构逐渐成熟，房地产行业的规范化要求越来越高，尤其是大型房企的成本管控和产品质量正面临着史无前例的综合考量。房地产行业已经从黄金时代转向白银时代，未来房地产市场的微利及分化已成定局，品质服务和行业规范将成为房地产行业未来发展的主要方向。

中国城镇化已经跨入成熟发展阶段，城市居民生活标准和品质生活服务观念越来越先进，购房者对产品质量、物业服务、社区配套、景观规划的要求越来越高。构建和谐社区文化建设，促进邻里信任关系，不断提高业主文化生活品质，不断实现沟通、交流、和睦共处的社区文化服务氛围，是房地产行业实现品牌服务的社会责任和历史使命。

正商智慧社区是以实现业主一站式生活为载体，全面体验社区零度空间360度物业服务系统，是以笑脸卡为社区生活终端服务平台，通过现代电子科学技术将业主、社区、商户、政府组成一个有机互动的现代信息生活价值链条，让业主足不出户，一卡在手即可全面实现家具设备控制、家庭医疗、门禁PAD、家庭安防监控及报警、社区服务如天气预报、物业费、水费缴付、维修、美容护理、食用油、有机杂粮日常用品供应、专业培训等社区智能生活。

## 笑脸服务平台 营造社区智能生活

笑脸服务平台与金融机构及移动运营商合作，通过发行笑脸联名卡，实现小区一卡通管理。同时，联名卡可以实现消费积分、抵顶物业费、享受网络服务优惠等，为居民带来了实实在在的好处。

专属设置水电费、物业费、话费、交通违章、有线电视费、长途客运票务等快捷缴费功能，同时设置了家庭养老、家政保洁、社区商务、打折促销、物业服务等服务内容，可以使社区居民享受到全方位多元化的便利服务。

笑脸服务平台在手机、魔屏等智能终端设置政府公告、公积金查询、违章查询、公交线路、银行服务等公共服务，让政府服务信息在社区落地，方便居民生活。

该服务平台注重社区软实力的精心打造，将开设道德讲堂、打造孝心示范小区；组建社区志愿者团队；评选好媳妇、好婆婆，美德故事人人讲等，营造社区孝文化氛围，把传统文化与社区居民生活紧密结合。

同时，以发掘社区邻里和谐信任关系为情感传播纽带，联合社会公益组织进社区，组建社区互助组织，实现小区内互帮互助，家庭结对，搭建情感沟通桥梁，组织社区内老人及儿童活动，构建孝悌忠信、和谐友爱的社区人文环境。

笑脸服务平台还为业主增设了小区新闻和小区拉家常等版块，增强了居民的参与性和互助性，可有力促进社区和谐。增强社区邻里关系，进一步提高社区人文关怀氛围，缓解部分老年业主晚年生活因缺乏沟通、交流造成的寂寞心理压力，减少家庭矛盾。

刊载于 2015 年 6 月 10 日《大河报》

# 互联网 + 开启正商智慧社区时代

● 李志鹏

**核心提示：**与传统的社区管理不同，正商智能社区以发掘社区和谐邻里信任关系为基础，将更侧重于人性化管理，一改往日社区关系冷漠，每人都是信息孤岛的现象。

2015 年 6 月 22 日下午，正商智慧社区上线仪式暨正商智慧城产品发布会在郑东新区永和伯爵国际酒店隆重举行。至此，正商地产 36 个社区智能化服务全面铺开。

## 智能控 让业主生活更方便

发布会上，正商地产副总裁张国强首先向到会嘉宾致辞，他说，互联网 + 已经成为我们这个时代生活的主题，给居住在现代城市社区的居民生活带来了前所未有的变化，作为中原房地产企业的领头羊，正商地产一直行走在改善城市风貌的最前沿，为创造中原人居新时代竭诚努力。

正商智慧社区以发掘邻里信任关系为基础，与金融机构及移动运营商合作，通过发行智能联名卡，实现小区一卡通管理。业主足不出户，一卡在手即可全面实现家具设备控制、家庭医疗、门禁 PAD、家庭安防监控及报警、社区服务如天气预报、物业费、水费、天然气缴付、公交查询、航空订票等社区一站式智能生活服务。

来自北京笑脸科技的 CEO 刘浩明向现场嘉宾系统介绍了"重构社区生态，营造笑脸生活"的全新理念，模拟了智慧社区的操作和使用。刘总说，笑脸科技将以正商社区为样板，打造郑州乃至全国的智慧社区建设典范。

他说，生活在正商智慧社区的业主将以手机和魔屏作为社区的主要入口，进入本社区智能网络信息识别管理系统。注册成为"智慧社区"家族成员，即可足不出户，乐享智能生活，比如，业主可通过手机和魔屏完成各种公共服务查询及日常缴费，实现一卡通行。

## 社区商家 缔造一站式智能生活圈

正商智慧社区，旨在把社区内的生活配套组成一个有机互动的生活供应链，所有信息功能通过智能社区魔屏总入口集中进入到业主日常生活消费终端，社区业主在这里可以足不出户，甚至随时随地都能实施自己的"菜单"式选购计划，充满情趣的场景体验购物可以满足业主的一站式生活需求。

例如，社区商家服务为业主专一打造了绿色供应通道，业主选购的商品可以不经过中间任何环节，直接进入业主家庭，既节省了送货时间和消费成本，也有效避免了商品假冒及产品过期的风险。

这一模式，真正打通了最后一公里，实现了厂需直达，让利益更大化，让社区居民受益，让厂商受益，让媒体受益，利用互联网将线上线下打通，使之形成多方共赢有机的社区商业生态圈。业主可随时随地参与智慧社区"惠购"提供的各种商品超值优惠及秒杀活动等等，使用起来简单、快捷、实用。

同时，正商智慧社区将定期组织社区商家开展专业知识培训，并为社区内的每一户商家统一设定二维码，这样，生活在社区内的业主可以轻松扫一扫，输入一卡通代码，自己想要的商品就能自动送上门来。

### 社区文化 促进智能社区邻里关系

正商智慧社区，以促进邻里信任关系为基础，通过社区报、社区微信、社区网站发布社区"一家亲"文化娱乐活动，让孩子和孩子之间，老人和老人之间，彼此增进了解，增强互动和沟通，建立"熟人社区"氛围，同时，引进社会公益慈善机构进社区，组织业主串门活动，培养业主的归属感和社会责任意识。

生活在正商智慧社区的业主还将定期通过业主微信群收阅养生课堂、医疗查询、消防常识等专业知识讲座，进一步提高业主的生活品位和自身素养。同时，组建社区志愿者团队，让业主主动维护社区环境秩序，打造孝心示范社区，评选好媳妇、好婆婆等美德社区故事，营造社区礼仪文化氛围，把传统文化与现代社区居民生活紧密结合。

正商智慧社区利用物联网、云计算、移动互联网等新一代信息技术，集成移动APP（正商社区）、社区网站、智慧魔屏（多媒体终端一体机）、业主微信平台等多种智能终端，统筹物业、公交、社保等各类服务资源，免费为辖区居民提供人文化、多元化、社会化的公共服务。形成基于信息化、智能化社会管理与服务的一种全新的智能社区生活形态。

### 正商智慧城将全面实现智慧社区功能

正商智慧城，地处郑州市宜居教育城龙湖北畔，是新郑市连接郑州主城区的生态社区名片，地块周边自然资源丰富，让这一低密度生态景观大盘成了一块价值稀缺的城市绿肺，是郑州市委市政府"十二五"期间首批打造新郑龙湖宜居教育城的核心组成部分。

该项目占地 3000 余亩，建筑面积 260 余万平方米，集生态、健康、智能于一体，项目规划有瞰景高层、花园洋房、四层花园墅质阔宅、沿街商业、写字楼、幼儿园、小学、中学等物业，产品户型多样，整体建筑形态内容丰富。

要实现智慧社区的一些功能需要相应的硬件设施配合，例如智能家居等。这些硬件设施在一些较早小区很难实现，因为前期设计没有预留相应的接口，现在改造起来投入很大，一时难以实现。

而正商智慧城，顺应了这一时代变革的消费需求应运而生。正商智慧城是正商地产与北京笑脸科技的第一个在设计阶段就开始合作的项目，在设计上项目引进依据当下中国互联网先进技术手段，大数据、分布式、云计算等，有别于单一媒体的市场信息传输，从满足业主一站式生活体验着手，做到数据互联，多屏联动，全面立体交互。

此外，正商智慧城作为正商智慧社区的生活样板，社区内规划设计了欧陆风情商业街，预计入驻的行业有餐饮、大型超市、银行、美容健身、鲜菜市场、洗衣服、精品快餐、面包房等社区生活配套。通过智慧社区，这些小区生活配套将组成一个有机互动的生活链，所有信息功能通过笑脸魔屏和 APP 入口集中进入业主日常生活消费终端，相信在未来三到五年，随着智能家居等硬件的普及，智慧社区的所有功能将在正商智慧城全面实现，正商智慧城将真正成为一座便捷、人文、和谐的智慧之城。

刊载于 2015 年 6 月 24 日《大河报》

# 陪伴是最好的关爱

●孙煊哲

**核心提示**：鸦有反哺之义，羊有跪乳之恩。由于种种原因，子女不在身边，身边的空巢老人已不鲜见。专家预计，到2030年我国老龄人口将近3亿人，而空巢老人家庭比例或将达到90%，这意味着届时将有超过2亿的空巢老人。

在老龄化社会进程日渐加快的今天，空巢老人如何实现老有所依、老有所乐成为社会各界广泛关注的问题。而在郑州园田花园小区，正商物业工作人员默默照料空巢老人的事情，被业主称赞不已。

## 两位保洁员和一位空巢老人的故事

近日，正商物业接到园田花园业主空巢老人齐阿姨来电，她说："我年纪大了，耳朵也背，平常在家都不锁门，就是怕有个好歹，没人知道，亏了小鲁和小徐的照顾……"

在园田花园，齐阿姨讲述了鲁玉兰、徐继梅两位保洁员两年来一直默默照料她的故事。

齐阿姨是东北人，20世纪90年代年来到郑州生活，膝下两儿一女。这些年，老伴、一儿一女接连去世，给齐阿姨带来难以承受的打击。今年75岁的她曾吃抗抑郁药6年，身患高血压、心脏病、白内障等多种疾病，小儿子在东北，因种种原因难以陪伴左右。

鲁玉兰、徐继梅两位保洁员共同负责齐阿姨所住楼栋的环境卫生。她俩每次看见齐阿姨，都会伸一把手，比如帮她买个菜或者替她提东西，有时候自己家里做些好吃的，不忘给齐阿姨送一份。

这两年，齐阿姨身体状况愈发不好，有时连换个铺盖都是问题。鲁、徐两位工作人员嘱咐齐阿姨有什么事给她们打电话。两人工作时只要路过齐阿姨门口，都会进去看一眼。鲁玉兰说："有时候我进去看见阿姨睡着了，看她没什么事就出来继续工作。"

齐阿姨想出门洗澡，徐继梅便会骑着电动车送她去，洗完了，再去把她接回来；去年，齐阿姨有次心脏病发作，躺在床上起不来，正好鲁玉兰在门外楼道内拖地，得知这一情况赶紧将齐阿姨送到医院；齐阿姨住院期间，徐继梅也常去探望。

### 正商物业管家 关爱小区空巢老人

关爱空巢老人，离不开社会各界的共同努力。作为一家有使命、有担当、有责任、有情怀的企业，正商物业在关爱空巢老人的路上不遗余力。对正商物业人来说，鲁玉兰、徐继梅两位保洁员所做的，仅仅是冰山一角。

为方便业主生活，正商社区各物业管理处为业主免费提供老年活动室、阅报栏、医用急救箱、便民工具箱、便民小推车等，不定期举行免费磨刀磨剪子、为老人免费理发、联合医院进行义诊、社区文化汇演……有业主说："大到智能充电系统，小到一把螺丝刀，只要在园区生活，都能享有正商物业的服务。"

为了更好地实施正商地产集团提出的高品质建造、高品质服务、高品质环境配套战略，更好地服务业主，正商物业努力贯彻服务业主十大举措，在执行中注重在小区内提倡尊老爱幼，选择需要协助的老、弱、病、残、孤寡老人等业主，组织员工定期上门服务。

针对重大节日、不同季节、不同年龄的业主群，组织不同内容、形式多样的社区公益文化活动。据统计，1～4月份，正商物业各社区累计组织义诊70余次，免费理发500余次，免费清理小家电300余次，社区文化活动40余次；公司发起的大型母亲节送花、重阳节送祝福、冬季送温暖、开展冬季养生讲座等活动都受到了老年业主的推崇和喜爱。

正商物业为业主提供一对一服务，在各社区实行管家式服务，将各个小区的业主划分为若干区域，指定客服工作人员作为本区域的"楼管"，并为其统一配备手机，开通微信，以朋友圈身份与业主及时沟通互动，并强调将空巢老人列为特殊服务对象，增加日常慰问频次，并优先处理空巢老人所需解决的问题；加强区域走访制，要求管家主动走出去，多与业主（尤其是空巢老人）交流沟通，聆听业主心声，帮助业主解决实际需求。

关爱空巢老人，这是正商物业人践行高品质服务、传播社会正能量的大美颂歌。我们相信，在正商社区，像鲁玉兰、徐继梅两位保洁员的故事还有很多很多，让我们大声为她们点赞，口碑相传。

刊载于2016年5月25日《大河报》

# 品质行 朝乾夕惕固守商道

● 孙煊哲

**核心提示：**"正商这几年的变化真的挺大，品质提升了很多。"在 2017 年正商组织的"品质行"活动中，一名老业主如是说。正商的"高品质建造、高品质服务、高品质配套"不仅仅体现在新建项目上，对于老小区，正商也不惜花费重金对其进行改造，彰显商业人文关怀精神，践行"品质生活到永远"的企业宣言。

## 地产维新 精彩生活在路上

2017 年 6 月 3 日，郑州大风突袭，飘着小雨，气温骤降，但这依然抵挡不住人们参加正商品质行的热情。一大早，40 多名关心正商的热心群众准时就位，他们有的带着孩子，有的带着爸妈，还有的是情侣成双参加。他们要用一整天的时间亲身体验参观正商代表性项目，产品类型包括公寓、写字楼、住宅等多种物业形态。

记者一路跟随下来发现，正商不仅在产品上追求高品质，在组织这种活动上也是体贴入微。在组织大家吃完早饭后，一行人首先参观了书香铭筑售楼中心和建正东方中心，为了让小孩和老人短暂休息，又转战南龙湖参观智慧城，路上可以休息大半个小时。

到智慧城参观后已是半晌，售楼中心常备的各种甜点和水果、饮品让众人赞赏有加，很是欣喜。补充能量后大家又来到风景如画的红河谷，100 多亩临河湿地公园成为孩子们嬉戏的天堂。之后，在工作人员的安排下，众人来到南龙湖一家有名的农家乐就餐，小柴鸡、大鲤鱼、有机蔬菜、农家烙馍……美味又接地气。

午饭后要参观的项目是书香华府，在城市的另一端，路程稍远，大家正好可以在车里多午睡一会儿。"路线安排得很是合理，一天下来竟然没有感觉到累；通过参观新项目，看到了正商的进步，这种自我革新的精神让人感动。"参与活动的一位老人说。

## 建筑无言 躬耕高品质纹沟深处

参加完这次活动，众人对正商有了新的认识，纷纷表示不虚此行。

"之前，大家对正商建造的楼盘印象一般都是价格实惠、性价比较低的刚需住宅，对于高端住宅却鲜有建树，但是看了善水上境以后，觉得正商确实是实力不凡。"在郑州某银行上班的周先生对记者说，"德国汉斯格雅的花洒、瑞士劳芬的马桶、意大利迪瑞的入户门……今天的参观体验确实让我震撼，对正商的高品质建筑很受触动，对高品质住宅有了更加清晰的认知，也提高了对正商高品质战略的核心价值理解。"

"这次品质行，正商真正打动我的不是这个小区的外立面多高端、绿化多么好、物业有多么贴心。"在书香华府参观时，吴大爷对记者说："这里的公租房建造得跟商品房一样，也并没有把两个区域隔开，将来公租房的住户一样可享受小区的配套、绿化。这是一种态度，很难得，它能体现出一个开发商的社会责任感、使命感。"

在智慧城售楼中心，高晓博和未婚妻看上了一套三居室的房子，正跟置业顾问聊得投入，刚刚工作不久的二人有着自己的理由："首先正商是大开发商，不用担心其资金链短缺等问题，再有就是智慧城幼儿园、外国语小学和中学都有，将来不用发愁小孩上学的问题；还有就是这里临着地铁，将来上班会很方便。"

**口碑载道 探寻高品质居住真谛**

"我跟着正商买了三套房了，还推荐亲戚朋友买了不下十套，现在他们都感激我。"参与活动的张大姐说，她是幸福港湾的老业主，几年来跟着正商从航海路买到北环，"正商房子价格亲民，硬件设施、小区配套、物业服务都很正规，在建造新小区的同时，还不忘升级、改造老小区，这就是为什么大家都跟着正商买的很重要的原因。"

记者了解到，为了改造老小区，正商组织快速维修队24小时待命，发现问题及时抢修和整改，随时为客户解决问题。2013年以来，正商专门成立了一个班子进行排查。截至目前，正商已投入资金1000余万元，对已交付的老小区进行"反哺式"改造升级，与此同时，正商还对部分已交付和新交付社区的地下停车场采用耐磨地坪和密封固化剂改造、硬化，使停车场观感和舒适度更高，使用寿命更长，永久避免了混凝土灰尘，有效地提高了强度、密度和耐磨性。

"对老客户来说，'品质行'在某种层面来说，是一种汇报，让老业主真真切切地体验到正商的发展。"品质行工作人员对记者说，自2015年8月份起，正商地产集团即发起了以中原城市郑州为首的"6城50盘 欢乐正商行"大型采风活动，几乎每周都会邀请社会各界精英深入正商地产旗下各个小区及在建项目区域观摩、见证正商品质提升阶段性成果。

目前郑州的楼市暗流涌动，"只有当潮水退去的时候，才知道谁在裸泳"。房企不应有晚清心态，像正商这种常怀自省自警之心，固守商道，方能展自立自强之志。

刊载于 2017 年 6 月 7 日《大河报》

# 让孩子赢在起跑线上

● 孙煊哲

**核心提示：**望子成龙，是所有做父母的良苦用心。一段时期以来，优质教育资源配套、房地产"联姻"名校，成为衡量优秀小区不可缺少的标配，也成为房地产行业提高人居品质、改善城市人居环境的追求目标。为响应政府号召，多年来正商地产持续加大对教育资源配套的投入，探索出从"引进来"到"自建校"的模式，自建、捐建了一批高品质学校，让河南数万孩子享受到高品质的教育。这从侧面可以看出正商地产提升居民品质生活的坚定信心和决心，同时也是正商地产高品质战略实施的重要举措。

### 教育消费 投资家庭未来

幼升小、小升初、中招……当下又是一年毕业季、招生季来临，"再穷不能穷教育，再苦不能苦孩子。"在竞争日益激烈的当下，许多家长只能八仙过海，各显神通，想尽各种办法，希望孩子进入理想的学校，让孩子赢在起跑线上。而优质教育资源的多重限制使得父母不得不面对更多挑战，能划片上公立小学的房子价格更是水涨船高，甚至是坐地起价，家长勒紧腰带，花费上百万元，买下的或许只是一个残旧的小房子，仅仅是为了一个不能确定的学位。此外，教育资源相对分散，从小学到中学，为了追赶好学校，家长被迫当起了现代孟母，频繁换房，劳心劳力。

今年 34 岁的张晓静就因为孩子上学的事费尽了心思。她说，当年在正商金色港湾买了一套房子，后来由于改善需求，在北三环又买了一套。但是搬过去之后发现小区周边没有优质的教育资源，孩子上学不是很方便。听说原来小区附近的港湾路小学教育质量很高，找人花钱都很难进，而在金色港湾住的孩子可以上，因此又搬了回来。"教育是大事，家长挖空心思就是为了让孩子上个好学校。"

记者了解到，郑州管城区港湾路小学是 2009 年正商地产投巨资兴建的，然后又无偿捐献给政府。正商也成为郑州市第一家将兴建的学校捐赠给政府的房地产民营企业。

### 播种未来 践行社会责任

当前，房地产业发展已进入业内所称的白银时代，消费者买房不再只是一个居住的地方，而是对小区内及周边环境配套都提出了较高的要求，特别是周边拥有优质的中小学校成为最终选择买房的重要参考依据之一。而教育是一项事业，具有公益属性，教育资源的不平衡、优质教育资源的紧缺，地区差异较大等问题，始终困扰着这个领域。因此，房地产＋教育就成了很多开发商努力去挖掘的那片蓝海。

经过二十余年的发展，地产与教育的结合，从最初的"抱大腿"到"自办校"，从"走出去"到"引进来"，考验房企实力的同时，也在检验房企的社会责任感。

在采访中记者了解到，在投资教育方面，正商地产始终秉承责任正商的信念，以身作则，以提升品质生活、改善人居环境为企业根本，在努力发展壮大的同时，不忘回馈社会，竭诚服务于众多家庭，尤其关注孩子的教育成长。

2014年5月份，一个月内，正商地产旗下三个社区：正商银莺路中小学、正商红河谷中小学、正商花语里秦岭中学，三所公办学校联动开建，成为政府热切关注、社会各界广为传颂的教育佳话。

2014年8月15日，正商地产投资兴建的信阳市第三小学正商学校捐赠交付揭牌仪式在该校隆重举行，这已是正商地产修建捐赠的第四所学校。

据了解，正商非常重视教育资源的配套建设和引进。红河谷小区内配建有幼儿园和小学，目前已经开始招生；正商智慧城小区内规划自建5所幼儿园、外国语小学和中学……

**品质正商百善为公**

教育资源配套是品质地产的文化名片，是一个社区、一座城市乃至一个国家健康发展的力量源泉。正商地产董事长张敬国多次强调："包括名校在内的配套设施要提前修建，哪怕不卖钱甚至倒贴钱，也要尽早建出来，今后每年将会有一所省实验小学的指标入驻正商的项目。"

教育的今天攸关社会的明天，正商地产深谙此道，每一所学校的建立不仅是对正商旗下社区生活配套的完善，更是对省会城市片区功能化教育资源的优化和升级。这一所所学校的建成，不仅有效提升了社区品质生活的文化氛围，解决了很多家庭孩子上学难的问题，也为政府创建文明社区、提升城市文化定位做出了显著贡献。

"试玉要烧三日满，辨材须待七年期。"多年来，正商得到超过40余万业主追随便是最好的见证。一名地产专家说，一德立而百善从之，正商地产多年来投身公益教育事业，孜孜不倦，这是对文化教育事业的关注，也是对中国慈善传统文明的继承。

刊载于2017年6月14日《大河报》